Schulevaluation

ERZIEHUNGSKONZEPTIONEN UND PRAXIS

Herausgegeben von Gerd-Bodo von Carlsburg

Band 69

PETER LANG

Frankfurt am Main · Berlin · Bern · Bruxelles · New York · Oxford · Wien

Margret Ruep/Gustav Keller

Schulevaluation
Grundlagen, Methoden, Wirksamkeit

PETER LANG
Internationaler Verlag der Wissenschaften

Bibliografische Information der Deutschen Nationalbibliothek
Die Deutsche Nationalbibliothek verzeichnet diese Publikation
in der Deutschen Nationalbibliografie; detaillierte bibliografische
Daten sind im Internet über <http://www.d-nb.de> abrufbar.

ISSN 0723-7464
ISBN 978-3-631-57394-5

© Peter Lang GmbH
Internationaler Verlag der Wissenschaften
Frankfurt am Main 2007
Alle Rechte vorbehalten.

Das Werk einschließlich aller seiner Teile ist urheberrechtlich
geschützt. Jede Verwertung außerhalb der engen Grenzen des
Urheberrechtsgesetzes ist ohne Zustimmung des Verlages
unzulässig und strafbar. Das gilt insbesondere für
Vervielfältigungen, Übersetzungen, Mikroverfilmungen und die
Einspeicherung und Verarbeitung in elektronischen Systemen.

www.peterlang.de

Inhaltsverzeichnis

1. Einleitung 7
2. Grundüberlegungen zur Schulevaluation (M. Ruep) 9
2.1 Oh je, die Schule 9
2.2 Evaluation im Kontext von Qualitätsmanagement 22
2.3 Qualitätsmanagement und Evaluation in der Schule 26

3. Notwendigkeit von Schulevaluation (M. Ruep) 37
3.1 Schule in einer globalisierten Bildungsgesellschaft 37
3.2 Qualität und Schule 40
3.3 Gelingensfaktoren und mögliche Lösungswege 47

4. Formen der Schulevaluation (G. Keller) 55
4.1 Selbstevaluation 55
4.2 Fremdevaluation 57

5. Methoden der Schulevaluation (G. Keller) 61
5.1 Qualitätsaudit 62
5.2 Beobachtung 65
5.3 Interview 68
5.3.1 Einzelinterview 68
5.3.2 Gruppeninterview 71
5.4 Fragebogen 73
5.5 Kartenabfrage 78
5.6 SOFT-Analyse 80
5.7 Dokumentenanalyse 82
5.8 Leistungsmessung 84
5.9 Kreative Methoden 87
5.10 Methoden-Triangulation 89

6. Wirksamkeit der Schulevaluation (G. Keller) 90

7. Exkurs: Ethik der Schulevaluation (M. Ruep) 96

8. Evaluationsglossar 109

9. Literaturverzeichnis 118

10.	Internetadressen	127
11.	Anhang	128
11.1	Bildungsstandards	128
11.2	Merkmale einer Guten Schule	129
11.3	Zehn Merkmale des Guten Unterrichts	130
11.4	Standards der Deutschen Gesellschaft für Evaluation	131

1. Einleitung

"In the beginning, God created the heaven and the earth.
And God saw everything that he made. "Behold," God said, "it is very good."
And the evening and the morning were the sixth day.
On the seventh day God rested from all His work. His archangel came then unto Him asking, "God, how do you know, that what you have created is very good? What are your criteria? On what data you base your judgement? Just exactly what results were you expecting to attain? And aren't you a little close to the situation to make a fair and unbiased evaluation?"
God thought about these questions all that day and His rest was greatly disturbed. On the eight day God said, "Lucifer go to the hell."
Thus was evaluation born in a blaze of glory ..."

Michael Q. Patton: Utilization-Focused Evaluation. Thousand Oaks 1997, S. 1

Aristoteles hat bereits vor 2300 Jahren gefordert, den Nutzen staatlicher Maßnahmen empirisch zu bestimmen. Im 20. Jahrhundert haben der Staat und die Privatwirtschaft damit begonnen, das Postulat des Aristoteles praktisch-empirisch umzusetzen und die Qualität ihrer Produkte und Dienstleistungen systematisch zu bewerten.

Im Bildungsbereich sind Evaluationen zunächst durchgeführt worden, um zu prüfen, ob neue Schul- und Unterrichtsmodelle wirksam und übertragbar sind. Diese Form der Bildungsevaluation war typisch für die späten sechziger und für die siebziger Jahre.

Im Verlauf der 80er Jahre geriet in fast allen hoch entwickelten Ländern der Staat in eine Finanzkrise. Überall stellte der Steuerbürger kritische Fragen nach der Effizienz staatlicher Dienstleistungen. Er forderte eine systematische Qualitätskontrolle staatlicher Serviceleistungen und eine Rechenschaftspflicht, auch für Schule und Hochschule.

Vor allem in England, in einigen Bundesstaaten der USA, in Kanada, in Holland und in den skandinavischen Ländern unterzog man das Schulsystem einer Qualitätsanalyse und leitete daraus Konsequenzen ab. Eine dieser Konsequenzen war die Einführung einer regelmäßigen Schulevaluation, und zwar nicht nur einer internen, sondern auch einer externen.

In Deutschland ist die Qualitätsdiskussion im Bildungswesen erst zehn Jahre später, etwa Mitte der neunziger Jahre in Gang gekommen. Ausgelöst wurde sie durch das mittelmäßige Abschneiden in der internationalen Schulvergleichsstudie TIMSS. Eine erste Konsequenz daraus war, die Gesamtleistung der Schule regelmäßig zu messen. Gleichzeitig wurde im November 1997 von der Kultusministerkonferenz der Beschluss gefasst, an PISA teilzunehmen.

Nachdem im Dezember 2001 die für Deutschland enttäuschenden Ergebnisse der ersten PISA-Studie veröffentlich wurden, entstand relativ schnell die Einsicht in die Notwendigkeit einer Schulevaluation. Man führte bundesweit gültige Bildungsstandards ein und man begann mit der Implementierung der Schulevaluation auf Länderebene. Außerdem beschloss man die Gründung des Bundesinstituts für Qualitätsentwicklung im Bildungswesen (IQB), das mittlerweile an der Humboldt-Universität in Berlin eingerichtet worden ist.

Alle Bemühungen um Qualitätsmanagement, Qualitätssicherung und Evaluation können nur erfolgreich sein, wenn Sie unmittelbar und konkret dort ankommen und realisiert werden, wo die Lehr-Lern-Prozesse stattfinden: in den Klassenzimmern, bei der einzelnen Lehrerin und beim einzelnen Lehrer.

Dieses Buch hat zum Ziel, den Kontext von Schulevaluation zu beschreiben und kritisch zu beleuchten, aber auch den Lehrpersonen ihre je individuelle Verantwortlichkeit zu verdeutlichen. Lehrerinnen und Lehrer sind diejenigen, die Selbstevaluationsprozesse reflektieren, planen und durchführen müssen, wenn dabei das Lernen und die Lernenden im Zentrum stehen sollen. Wenn dies nicht geleistet wird, können zentral gesteuerte Qualitätsmanagementansätze kaum erfolgreich sein.

Nicht zuletzt geht es hier auch um ein positives Plädoyer für einen in Deutschland tendenziell in seinen Leistungen für die Gesellschaft verkannten Berufsstand, die Lehrerinnen und Lehrer.

2. Grundüberlegungen zur Schulevaluation

2.1 Oh je, die Schule ...

„Das Glasperlenspiel ist also ein Spiel mit sämtlichen Inhalten und Werten unsrer Kultur, es spielt mit ihnen, wie etwa in den Blütezeiten der Künste ein Maler mit den Farben seiner Palette gespielt haben mag. Was die Menschheit an Erkenntnissen, hohen Gedanken und Kunstwerken in ihren schöpferischen Zeitaltern hervorgebracht, was die nachfolgenden Perioden gelehrter Betrachtung auf Begriffe gebracht und zum intellektuellen Besitz gemacht haben, dieses ganze ungeheure Material von geistigen Werten wird vom Glasperlenspieler so gespielt wie eine Orgel vom Organisten."

Hermann Hesse

Schule als „Glasperlenspiel"? Ein Ort, an dem es um die Dinge geht, die im richtigen Leben entstanden sind, die dort herausgenommen und sozusagen archiviert worden sind für Schulzwecke? Verschulung anstatt Leben? Verschulte Köpfe anstatt kreative Persönlichkeiten? Dinge ohne die Lebendigkeit, den Glanz, den Schmerz, die Freude oder die Tragik des richtigen Lebens, ohne Gefühle, geglättet, strukturiert und systematisiert, in Büchern festgehalten, womöglich verstaubt und veraltet, neuerdings im weltweiten Netz der Beliebigkeit zahlloser Informationen preisgegeben? Theorien, Abstraktionen, systematische Aufbereitungen, Interpretationen von Interpretationen, Zahlen, Daten, Fakten, die gespeichert und abgeprüft, danach möglicherweise vergessen werden, statisch, nicht an Entwicklung orientiert, ohne Nachhaltigkeit?

Schule: natürlich auch ein Ort des Lebens, lebendig durch die Menschen, die hier zusammentreffen, die die Welt in die Schule hineintragen, ein Ort voller Gefühle, Neugier, Freude, Schmerz, Leid, Zuneigung, Konkurrenz, Streit und Leidenschaft.

Schule ist ein Ort des Lehrens und Lernens, ein Ort spezifischer Lehr-Lern-Verhältnisse, ein Ort systematischen expliziten Lernens, ein Ort erzieherischer „guter Absicht" (Luhmann 2002) mit normativem Charakter ohne die Gewissheit des Gelingens, zukunftsoffen und deshalb ohne die Sicherheit, im Jetzt das Richtige für eine letztlich nicht planbare, nicht berechenbare Zukunft zu tun. Von Schülerinnen und Schülern wird Schule oft als „Pauk- und Prüfanstalt" (Prange/Strobel-Eisele 2006, S. 167) erlebt, wo „Leistungen ermittelt und Plätze angewiesen werden" (ebd., S. 168).

Schule ist Institution als Schul- bzw. Erziehungswesen der Gesellschaft (Luhmann 2002), sie ist aber immer auch jeweils eine Einzelschule, innerhalb der der Fokus auf das Interaktionssystem des Klassenzimmers gerichtet ist oder sein sollte. Dort geschieht das, warum es Schulen gibt, nämlich die Vermittlung von Wissen und Können. Hier gelten wie für jedes System autopoietische Gesetze (autopoietisch: selbst schaffend, selbstbezüglich). Luhmann weist auf die „operative Eigenständigkeit der Interaktionssysteme Unterricht" (Luhmann 2002, S. 37) hin und zeigt auf, dass es eine Illusion ist zu glauben, „die Organisation könne die Eigendynamik des Unterrichts programmieren" (ebd., S. 161), wie es überhaupt eine Illusion ist zu glauben, Menschen vollständig kontrollieren zu können (Autry/Mitchell 1999).

Schulen setzen von außen entschiedene und festgelegte Zielvorgaben nicht linear „nach dem Strickmuster eines Masterplans" (Schratz 2002, S. 28) um, zumal dann nicht, wenn das spezifische Berufsverständnis von Lehrerinnen und Lehrern nicht beachtet wird (Esslinger 2002). Hier greift das „Autonomie-Paritätsmuster" nach Lortie, wonach die Lehrkraft in ihrem Unterricht innerhalb des Klassenzimmers eigenständig agiert; ebenso werden Unterschiede zwischen den Lehrkräften nicht kommuniziert und somit negiert (Kranz-Dürr 1999, S. 134; Ruep/Keller 2004, S. 9 f.). Dies hängt damit zusammen, dass sich die jeweilige Einzelschule „in den Entscheidungsstrukturen und den Selbstkonzepten der Mitglieder grundsätzlich von Einrichtungen der allgemeinen Verwaltung" (Rolff/Schmidt 2002, S. 16) unterscheidet. Das betrifft vor allem die Differenz zwischen dem kommunikativ-interaktionalen Organisationsverständnis der Einzelschule und dem zielorientiert-rationalen Verständnis der Schulaufsicht.

Nach Kranz-Dürr (2001, S. 131) ist Schule eine „professional bureaucracy" bzw. eine „Expertenorganisation", die durch folgende Zuschreibungen gekennzeichnet ist:
- „Die Qualität der Arbeit hängt von der Motivation und dem Können des einzelnen Mitarbeiters ab und ist von außen kaum steuerbar. Selbstevaluation liegt im Ermessen des Einzelnen.
- Die Arbeit realisiert sich vor allem in Beziehungen und ist daher schwer quantifizierbar.
- Steuerungsversuche von außen bewirken häufig Demotivation bei den Mitarbeitern.
- Vom Selbstverständnis her fühlen sich die Mitarbeiter eher ihrer Arbeit als der Organisation verpflichtet. Oftmals stehen sie der Organisation sogar skeptisch gegenüber.
- Organisationsarbeit wird als wenig attraktiv erachtet und sie wird auch von der Organisation nicht honoriert" (Kranz-Dürr 1999, S. 25).
- Die Einzelschule ist geprägt von flachen Hierarchien, „ein/e Schulleiter/in steht einem wenig strukturierten Kollegium hierarchisch Gleicher gegenüber (ebd., S. 132), woraus „die Stärke des Einzelnen und die Schwäche des Kollektivs" (ebd.) resultiert.

Die Unterscheidung von Schule als staatliches Erziehungswesen bzw. Bildungssystem und als Interaktionssystem Unterricht im Klassenzimmer ist bedeutsam für alle damit verbundenen Überlegungen zu Qualitätsmanagement und Evaluation.

Die Steuerung des staatlichen Schulsystems erfolgt durch die eng an Politik und Regierung gekoppelte Schulverwaltung bzw. Schulaufsicht (Schnell 2006,

S. 31). Die Schule selbst ist davon mittelbar betroffen und sorgt durch die Besonderheit ihrer Kommunikations- und Arbeitsstruktur und -kultur quasi automatisch für eine Verlangsamung dessen, was politisch geplant, entschieden und vorgegeben wird. Dies gilt schulintern gerade für die jeweilige Unterrichtssituation, die von Lehrerinnen und Lehrern mit bis heute in Deutschland weitgehenden Freiräumen gekennzeichnet sind. Eine Verpflichtung zu systematischer, an Standards orientierter Rechenschaftslegung gab es bislang nicht, sieht man von zentralen Prüfungen in einzelnen Bundesländern ab.

Traditionell hat man Schulen mit staatlichen Vorgaben gesteuert, die auch dort vorhanden sind, wo es tendenziell eher privat organisierte Schulen gibt. Bildung und Erziehung werden als wichtige Erfolgsfaktoren für Gesellschaften und Nationen gesehen, so dass ihre Planung und Gestaltung von erheblichem öffentlichem Interesse sind und die deshalb mit Recht eine „res publica" sind und sein sollten.

Die Steuerung durch staatliche Vorgaben geht davon aus, dass die in Gesetze, Erlasse und Vorschriften gefassten Prämissen quasi linear bzw. 1:1 bis in die Klassenzimmer hinein umgesetzt werden. Solche Vorgabensysteme sind historisch insbesondere in monarchisch geprägten Staaten entstanden und wurden traditionell in bürokratisch organisierten Verwaltungen von Staatsbeamten mit hoheitlicher Aufsichtsfunktion realisiert. Spätestens mit Bekanntwerden der Ergebnisse internationaler empirischer Studien der letzten Jahre wurde offenkundig, dass der Erfolg der Vorgabensteuerung weitaus geringer ist als erwartet.

Diejenigen Länder sind erfolgreicher, die subsidiär orientierte Erziehungs- und Bildungssysteme haben, wo die jeweiligen Einzelschulen über einen weit gefassten Verantwortungsbereich verfügen und sowohl die Gestaltung ihrer Schule, die erreichten Leistungsergebnisse, die Wirksamkeit ihrer schulischen Arbeit, das Personalmanagement und die Ressourcensteuerung selbst verantworten, wo sich die Politik auf wenige Vorgaben beschränkt und wo die Verwaltung eine für die Schulen dienende, d.h. unterstützende Funktion einnimmt. Das Prinzip der Subsidiarität ist als Grundprinzip demokratischen Denkens und Handelns dem demokratischen Staatswesen angemessener als die aus einer anderen Tradition stammende strenge und streng hierarchisch ausgerichtete Vorgabensteuerung, die von Gerhard Schwarz als männliches Prinzip bezeichnet wird (Schwarz 2005). Die damit verbundene streng hierarchische Kommunikationsweise geht zudem von nicht hinterfragten und nicht explizit reflektierten Axiomen aus, die gewissermaßen als Voraus-Setzungen bestehen und mögliche Veränderungen behindern. Nach Schwarz handelt es sich um die „Axiome der Hierarchie", nämlich das „Entscheidungsaxiom", das „Wahrheitsaxiom", das „Weisheitsaxiom" und das „Dependenzaxiom" (Schwarz 1987, S. 166 ff.). Das bedeutet für die betroffenen Menschen, dass ihr Arbeitskontext davon bestimmt wird, dass sie betreffende Entscheidungen von anderen getroffen werden, dass die „Wahrheit" von anderen festgelegt, das Wissen als „Weisheit" von höherer Stelle definiert wird, woraus insgesamt eine Abhängigkeit entsteht, die Menschen in der Unmündigkeit hält (Ruep/Keller 2004, S. 11 ff.). Das kann im schlechtesten Fall bedeuten, dass die gesetzte Wertorientierung explizit gesetzten Werten, die z.B. im Grundgesetz und den Länderverfassungen verankert sind, entgegenstehen oder ihnen widersprechen, womit die Rechtmäßigkeit der Verfahrensweisen und Kommunikationsstrukturen von mündigen Bürgerinnen und Bürgern in Frage gestellt werden müssten. In jedem Fall handelt es sich um ein nicht dialogisches, nicht demokratisches Vorgehen, was auf Dauer Widersprüche und Konflikte impliziert. Das Gegenteil wäre ein stetiger Diskurs in lernenden Systemen, die um ihre Fehlerhaftigkeit und Unvollständigkeit wissen und sich redlich um bestmögliche, gangbare Wege bemühen und von den betroffenen Menschen her denken und handeln. Der Verhaltensmodus wäre eher Demut als Macht, kaum vorstellbar im politischen Feld, wo die Macht vorherrschendes Handlungsmotiv zu sein scheint (Müller 2006).

In allen Staaten ist die Differenz zwischen zentraler Steuerung des Erziehungs- und Bildungssystems und den Einzelschulen als Spannungsfeld spürbar. In eher föderalen Systemen werden zentrale Steuerungsmodelle eingeführt, um Einzelschulen vergleichbar zu machen (z.B. in Kanada, Australien oder Indien), in eher zentralistisch ausgerichteten Systemen wird mehr Subsidiarität angestrebt.

Tendenziell gibt es in allen OECD-Ländern das strategische Ziel, von der staatlichen Vorgabensteuerung wegzukommen zugunsten der autonomen, teilautonomen oder operativ eigenständigen Einzelschule mit größtmöglicher Eigenverantwortung. Die Erwartung, gestützt durch Ergebnisse internationaler Vergleichsstudien wie PISA (Deutsches PISA-Konsortium 2001), ist, dass die Qualität der Einzelschulen bei mehr Eigenverantwortung steigt. Prinzipiell wird deshalb den Einzelschulen von staatlicher Seite die Verpflichtung zur Qualitätssicherung und Rechenschaftslegung im Sinne selbst verantworteter Freiheit (Liket 1995) durch Mittel der Selbstevaluation anvertraut und zugemutet, ergänzt durch Fremdevaluation, die bei Inspektoraten oder bei von staatlicher Schulaufsicht unabhängigen Instituten angesiedelt sind. Hinzu kommt Bildungsmonitoring je unterschiedlicher Ausprägung. Angesichts der o.g. unterschiedlichen Systeme – Einzelschule und staatliches Erziehungs- und Bildungswesen – wird der Erfolg von Schule insgesamt davon abhängen, wie das Zusammenspiel beider Teile, „Top down" und „Bottom up", gelingt. Da von staatlicher Seite Ressourcen bereitgestellt werden und die bildungspolitische Programmatik vorgegeben wird, ist es nicht realistisch, von „autonomer Schule" zu sprechen noch sie zu wünschen, wenn wir in einer komplexen Gesellschaft ein ernsthaftes Interesse am Wohl der Kinder und Jugendlichen haben. Die Vorteile eines in der Verfassung verankerten Erziehungs- und Bildungsauftrags mit dem daraus abgeleiteten über die Bildungspolitik und die Schuladministration gesteuerten Schulsystem dürfen meines Erachtens bei jeder kritischen Würdigung von Schule nicht gering geachtet werden. Eine staatlich verordnete Schulpflicht ist zuvörderst ein Recht auf schulische Erziehung und Bildung mit prinzipiellen Vorteilen und Chancen für jedes Kind. Allerdings braucht eine staatlich vorgegebene Pflicht das Vertrauen der Bürger in die Politik und in die staatlichen Institutionen, was in Deutschland durch das Erbe zweier Diktaturen eher nicht gegeben ist (Schwan 2005). Ein politisches System, das bei mangelndem Vertrauen von Bürgerinnen und Bürgern in die Politik das Bildungssystem bis in die Einzelschulen hinein steuert, muss bei einer Umsteuerung dieses Ausmaßes auf die Partizipation derjenigen, die am „unteren" Ende die operative Arbeit zu tun haben, besonderes Augenmerk richten. Von Lehrerinnen und Lehrern wird hier nämlich erwartet, dass sie sich als Teil des politischen Systems und somit der Gesamtorganisation verstehen; sie selbst sehen sich aber in erster Linie ihrer Unterrichtstätigkeit verpflichtet, die systemisch gesehen anderen Gesetzen folgt und folgen muss, wenn sie Erfolge bei Schülerinnen und Schülern erzielen will.

Nach Herrmann (2006, S. 30 ff.) sind der pädagogische Auftrag der je einzelnen Schule und der staatlich verordnete Erziehungs- und Bildungsauftrag – Selbstbestimmung und Systemzwang – nicht ohne weiteres in Einklang zu bringen. Während der pädagogische Auftrag nur vom Individuum und dessen Entwicklung ausgehen kann, selektiert das staatliche Schulsystem und verfolgt mit dem Schulbesuch noch andere Ziele als die Persönlichkeitsentwicklung. Letztere ließe im pädagogischen Sinne eigentlich immer nur den Vergleich mit sich selbst in der Gesamtentwicklung zu, nicht das Ranking mit anderen durch eine Leistungsmessungs- und -bewertungspraxis, die zwar eine lange Tradition hat, die dennoch hinsichtlich ihrer Verfahren und ihrer Wirkung zu hinterfragen wäre. Interessant ist in diesem Kontext der Bildungsbericht 2006, der einen originär pädagogischen Ansatz mit der Vorstellung einer „Bildung im Lebenslauf" zunächst ins Zentrum der Reflexion rückt, dann aber Bildung aus nationalem Interesse sozusagen als Humanressource eines prosperierenden Staats darstellt und die dazu nötigen Faktoren analysiert (Konsortium Bildungsberichterstattung 2006).

Herrmann verweist kritisch auf das Dilemma, das bereits Hartmut von Hentig 1968 aufzeigte, dass nämlich der Systemzwang uns in zu starren Strukturen gefangen hält, die die Krise der Gesellschaft herbeiführen und die notwendige Flexibilität und Produktivität verhindern. Das pädagogische Ziel der Selbstbestimmung wirft die Frage auf: „Wie viele Freiheits(,Spiel')Räume und wie viele Differenzierungsmöglichkeiten bestehen innerhalb der derzeitigen systemischen Betriebsformen der öffentlichen staatlichen Schulen?" (Herrmann 2006, S. 30). Wir haben im Grundgesetz und in den Landesverfassungen die pädagogischen Ziele formuliert und gestalten dennoch die Schulen prinzipiell als staatliche Systeme, die Zwänge hervorbringen, welche der pädagogischen Zielsetzung entgegenstehen.

Von Schülerinnen und Schülern aus betrachtet ist Lernen, und somit auch Lehren, die zentrale Aufgabe von Schule. Auch hier wird kritisiert: „Lernen scheint eingeklemmt zwischen individuellem Wollen, das sich aber noch nicht kennt, und gesellschaftlicher Institution, deren objektiver Sinn verschlossen bleibt" (Haug 2003, S. 17). Lernen in der Schule geht über die erfahrungsgeprägte bloße Sozialisation (nach Luhmann „absichtslose Erziehung") hinaus. Sie erfordert, dass man lernt, „was man nicht weiß, und sieht, was man nicht sieht" (Luhmann 2002, S. 53). Schule zeichnet sich aus durch spezifische Lehr-Lern-Verhältnisse in ebenso eigenen Kommunikationsstrukturen, die sich in der Beziehung zwischen Schüler- und Lehrerschaft zeigen. Die Beziehungen sind asymmetrisch: Lehrerinnen und Lehrer gehören einer anderen Generation an, sie haben in der Regel einen erheblichen Wissensvorsprung, auch meist völlig anderes Wissen und andere Erfahrungen als ihre Schülerinnen und Schüler, sie haben die Autorität zur Bewertung und somit zur Selektion, nicht zuletzt gerade in Deutschland als staatliche Beamte mit Hoheitsfunktion. Haug bezeichnet institutionalisiertes Lernen als besondere Form des Lernens (ebd., S. 41). Sie sieht in der spezifisch schulischen Lehre durchaus den positiven Aspekt hinsichtlich des „eine Einführung in die Welt geben wollen, die Erkundung als Anforderung an sich selbst mit sich führt" (ebd. S. 42). Klaus Holzkamp (1993) entwickelt eine subjektwissenschaftliche Lerntheorie und zeigt auf, dass Lehren und Lernen, etwa im Gegensatz zu den Annahmen des Behaviorismus, aus Interaktionen bestehen, bei denen Lehrerinnen und Lehrer auf die Mitarbeit der Lernenden angewiesen sind. Luhmann verweist auf die Lernenden als „nichttriviale Maschinen" und in diesem Zusammenhang auf das „Technologiedefizit" des Erziehungssystems (Luhmann 2002, S. 157).

Er kritisiert, dass nicht selten durch die spezifische Kommunikationsform der Fragetechniken von Lehrkräften Lernende trivialisiert werden und somit ihre Eigenständigkeit nicht beachtet wird. Nur bei einer trivialen Maschine nämlich ließe sich in linearer Weise ein solchermaßen triviales Frage-Antwort-Spiel entwickeln, bei dem die gewünschten Resultate erzielt werden, „wenn man den richtigen Input eingibt" (ebd.). Luhmann verweist auf die spezifische Profession des Lehrberufs, bei der es wie bei der Entwicklung von Professionen allgemein „die Distanz zwischen Idee und Praxis [gibt], die durch Wissen allein nicht überbrückt werden kann (ebd., S. 148). Professionen, so auch die Lehrerinnen und Lehrer als Professionelle, „arbeiten unter der Bedingung der Unsicherheit des Erfolgs ihrer eigenen Eingriffe und müssen deshalb ihren eigenen Arbeitsbereich abschirmen" (ebd.). Sie können deshalb nicht technokratisch-rational, planerisch, mit exakt vorhersagbaren Berechnungen arbeiten, woraus sich das „Technologiedefizit" ergibt und worin die Möglichkeit des Scheiterns begründet liegt. Das notwendigerweise zentralistisch „Top-down" agierende Gesamtsystem geht von der Möglichkeit einer rational-technologischen Steuerung aus, während innerhalb der Einzelschule die einzelne Lehrkraft ein hochkomplexes, interaktional-kommunikatives System steuern muss. Da ein System ein anderes ohnehin nicht zu steuern, bestenfalls zu perpetuieren oder zu irritieren vermag, ist zu vermuten und durch empirische Befunde zu belegen (Radnitzky 2002), dass der Output bzw. Outcome etwas anderes ist, als die Vorgaben intendierten. Im ungünstigsten Fall wird die Innovation schulintern dem Status quo angepasst (Stockmann 2006, S. 64) mit der Folge, dass die externe Steuerung verstärkt zentralistisch agiert und somit das Steuerungskonzept selbst konterkariert (ebd.).

In der Konsequenz lässt sich sagen, dass Schule hinsichtlich verschiedener Aspekte einige Paradoxien oder auch kaum auflösbare Widersprüche aufweist, die zunächst explizit gemacht und hinsichtlich ihrer Wirkung reflektiert werden sollten (Tabelle S. 16 f.).

Die Trennung von Schule als staatliches System und Schule als pädagogisch geprägtes Interaktionssystem im Klassenzimmer erscheint als nur schwer auflösbarer Gegensatz oder Widerspruch.

Der staatliche Anspruch, bildungspolitische Entscheidungen zu treffen und sie bis ins Klassenzimmer hinein linear umzusetzen, erweist sich als nicht möglich, da wir es hier mit zwei verschiedenen, komplexen, eigendynamischen Systemen zu tun haben. Euler verweist auf „das potentielle Spannungsverhältnis zwischen individuellen Ansprüchen und institutionellen Anforderungen" (Euler 2004, S. 39), was in je unterschiedlichen Wertsystemen, Bedürfnissen und Erwartungen begründet liegt.

Die Art des Managements zeichnet sich in administrativen Systemen durch strenge Hierarchie und durch rational-technokratisches, lineares Vorgehen aus, während an den Schulen flache Hierarchien und diskursiv-interaktionale Kommunikationsweisen vorherrschen.

Der normative Charakter der Erziehung als gute Absicht, „die Absicht, etwas für den Lebenslauf Brauchbares zu vermitteln" (Luhmann 2002, S. 143), erzeugt Unsicherheit und Zukunftsoffenheit, keine genaue Plan- und Messbarkeit. Gleichzeitig soll die Schule aber im Hier und Jetzt konkrete Ergebnisse analog der Herstellung materieller Produkte erzeugen. Letztere sollen zudem mittels betriebswirtschaftlicher Instrumente als Zahlen, Daten und Fakten messbar und somit vergleichbar gemacht werden, was auf strenge Standardisierung und Selektion hinausläuft. Hier ist die richtige Balance zwischen Anpassung im Jetzt und potentieller Anpassungsfähigkeit in der Zukunft notwendig. Wer sich im Jetzt bloß anpasst, verliert die notwendige Offenheit für Flexibilität und Mobilität in einer ungewissen Zukunft.

Diese Situation erzeugt in der Schule eine doppelte Schwierigkeit, nämlich hinsichtlich der Lehrerinnen und Lehrer, die sich traditionell in einem „strukturell gestörten Verhältnis" zur Institution und ihren Vertretern sehen bzw. in einem „private cold war" (Rosenbusch 2002, S.13), sowie hinsichtlich der Schülerinnen und Schüler, die in einem Lehr-Lern-Verhältnis zu den Lehrkräften stehen, innerhalb dessen sie im Rahmen einer besonderen Kommunikationsweise in die Gefahr der Trivialisierung geraten (Luhmann 2002, S. 78). Letztere steht den Grundwerten sowie Bildungs- und Erziehungszielen einer Demokratie und ihren Erfordernissen diametral entgegen. Die Lehrkräfte sind dabei gewissermaßen die Mittler zwischen Schulsystem, der Schule und dem Interaktionsgefüge im Klassenzimmer.

	Schulsystem	Einzelschule/Klassenzimmer
Kommunikationssystem	Schule als staatliche Institution / Strenge Hierarchie Linienorganisation / Administrativ-Bürokratisch / Indirekt / Bis ins Detail durchstrukturiert	Schule als Einzelschule / Interaktionssystem Klassenzimmer / Flache Hierarchie / Direkt / Eher unstrukturiert
Steuerungsmodus	Linear / Rational / Technokratisch / Zweckgerichtet / Eher unpersönlich	Diskursiv / Interaktiv / Persönlich / Emotional
Zielerreichungsvorstellung	Planbar und messbar Selektion / z. B. durch Zuteilung in verschiedene Bildungsgänge oder Schularten / Möglichst hoher Bildungsstandard der Bevölkerung als Wirtschaftsfaktor und angepasster Bürger	Normativ / Von individuellen Voraussetzungen abhängig / Nicht eindeutig planbar und Messbar / An Entwicklung orientiert – fördernd / Emanzipation bzw. Mündigkeit
Lehrer-Kommunikationssituation	Dem Gesamtsystem gegenüber distanziert („private cold war") / Indirekte Kommunikation / Eher unpersönlich-rational	Flache Hierarchie hinsichtlich Schulleitung / Asymmetrische Kommunikationssituation hinsichtlich der Schülerinnen und Schüler / Emotionales Beziehungsgefüge / Nähe
Berufsverständnis / Lehrperson	Unterrichtsexperte und Teil der Gesamtorganisation mit Übernahme von Organisationsaufgaben (z. B. Evaluation) / Staatlicher Funktionsträger	Fachexperte / Vermittler / Erzieher im Klassenzimmer (schulartspezifisch differenziert zu sehen)
Lehrer-Schüler-Bezug	Schülerinnen und Schüler als potentielle Bürger und Humankapital für die wirtschaftliche Prosperität des Landes / Lehrkräfte verantworten die Leistungsergebnisse / Bildung als „Produkt"	Lehrkräfte können nur erfolgreich arbeiten, wenn die Lernenden ihren Lernprozess je individuell mit verantworten / Am Individuum ganzheitlich ausgerichtete Bildungsidee
Bewertung	Durch zentral gesteuerte Tests und Prüfungen / Fragmentarisch	Bewertung und Wertschätzung jeweils individuell und ganzheitlich

Gesellschaftsbezug	Erwartungsdruck und Einflussnahme durch wichtige gesellschaftliche Gruppen, z.B. Wirtschaft / Einfluss durch nicht pädagogisch ausgerichtete Sachzwänge	Gegensteuern gegen einseitige, nicht pädagogische und entwicklungsorientierte Bildungsarbeit
Erwartungen an Schulverwaltung und Schulaufsicht	Umsetzen und Durchsetzen politischer Entscheidungen	Bereitstellung eines Unterstützungssystems und Aufbau einer angemessenen Infrastruktur für die schulische Kernarbeit im Klassenzimmer

Lehrerinnen und Lehrer müssen sich in diesem widersprüchlichen Kontext irgendwie auch selbst behaupten, was ein offensichtlich hohes Maß an Professionalität, d. h. Reflexionsvermögen und Handlungsfähigkeit im Sinne einer Transformation von Theorie in spezifisch schulische Praxis, erfordert. Im Sinne des psychologischen Modells der Transaktionsanalyse müssen Lehrkräfte in Zuständen des Erwachsenen-Ichs ankommen und dürfen nicht in trotzigen oder angepassten Kindheits-Ich-Zuständen verharren (Schlegel 2002). Letzteres aber wird durch die Besonderheit des Gesamtsystems und seiner Kommunikationsweisen eher gefördert als dass im Erwachsenenmodus kommuniziert würde.

Im Klassenzimmer ist es für Lehrkräfte zunächst wichtig, gute Beziehungen zu ihren Klassen aufzubauen, bevor das eigentliche Geschäft der Schule beginnen kann, nämlich Wissen zu generieren und Kompetenzen sich entwickeln zu lassen.

In der Konsequenz stehen Lehrerinnen und Lehrer vor der notwendigen Aufgabe, einerseits gleichermaßen fachlich kompetent Wissen und Können zu vermitteln, im Unterricht Beziehungen aufzubauen und Interaktionen zu gestalten sowie andererseits Organisationswissen und dazu notwendige Methodenkompetenz zu generieren, um systemisches Denken und Handeln (Senge 1996 a und b und 2000) zu realisieren.

Die Lehrerpersönlichkeit der Zukunft muss also gleichermaßen fachlich exzellent, Kommunikations- und Interaktionskünstler im Unterricht wie auch Organisationsentwickler und Aktionsforscher mit Selbstevaluationskompetenz sein. Die Kultusministerkonferenz hat in einem „Leitbild für den Lehrerberuf" (Terhart 2000) die Aufgaben von Lehrkräften definiert. Dazu gehören Unterrichten als „durch Lehren das Lernen unterstützen und anleiten" (ebd., S. 47) und Erziehen, Diagnostizieren, Beurteilen und Evaluieren sowie die berufliche Kompetenz und die Schule weiterentwickeln (ebd., S. 44 ff.).

In Anlehnung an diese vorgegebenen Aufgaben könnte man die Kompetenzen von Lehrerinnen und Lehrer der Zukunft wie folgt definieren:
- „Lehrerinnen und Lehrer kennen sich in ihren jeweiligen Fachgebieten so gut aus, dass sie ein Interesse daran haben, die Themen und Inhalte für Schülerinnen und Schüler zu erschließen. Es gelingt ihnen dabei, ihre Begeisterung für diesen Teil der Welt zu zeigen und damit die Motivation bei Schülerinnen und Schülern zu aktivieren. Professionelle fachwissenschaftliche und fachdidaktische Denk- und Verfahrensweisen haben sie dabei verinnerlicht und können sie jederzeit in ihrer Berufsbiografie wieder aktivieren und weiterentwickeln.
- Lehrerinnen und Lehrer können hervorragend kommunizieren. Sie wissen um die theoretischen Grundlagen der Kommunikation, um ihre täglich neuen Herausforderungen und um die Normalität von Konflikten. Sie können Konflikte erkennen, bearbeiten und einer Lösung zuführen.
- Lehrerinnen und Lehrer besitzen eine professionelle Diagnose- und Beratungsfähigkeit. Sie kennen die dafür notwendigen theoretischen Grundlagen und können eine Vielzahl von Instrumenten anwenden sowie Unterstützungssysteme dazu nutzbar machen.
- Lehrerinnen und Lehrer verstehen sich als Fachleute für das Lernen. Sie kennen in Theorie und Praxis die Grundlagen und Instrumente für die Gestaltung von Lernprozessen. Sie zeigen sich ihren Schülerinnen und Schülern gegenüber auch als Lernende. Sie verstehen sich als Teil eines Lernenden Systems und somit als reflektierende Praktiker und als beobachtende Experten im Sinne der Aktionsforschung.
- Lehrerinnen und Lehrer sind reflektierende Erwachsene, die ein Bewusstsein von ihrer eigenen Person entwickeln und sich dem Feedback durch andere regelmäßig stellen. Übungen hinsichtlich Selbst- und Fremdwahrnehmung gehören selbstverständlich und dauerhaft mit zu den beruflichen Aufgaben.
- Lehrerinnen und Lehrern ist Bildung ein Anliegen und ein erstrebenswertes nie abgeschlossenes Ziel auch für sich selbst. Sie wissen um die Bedeutung ihrer Person als Vorbild und Begleitende ihrer Schülerinnen und Schüler und um die Bedeutung der durch ihre Grundhaltung implizit zu vermittelnden Werte und Einstellungen.
- Lehrerinnen und Lehrer sind Optimisten und zeigen den Kindern und Jugendlichen Wege für ein positives Leben auf.
- Lehrerinnen und Lehrer mögen ihre Schülerinnen und Schüler und sehen in ihnen voller Respekt die Möglichkeiten ihrer jeweiligen Persönlichkeit.
- Lehrerinnen und Lehrer wissen um die Begrenztheit und Fehlerhaftigkeit aller Menschen und sind geprägt von Gelassenheit, Geduld und Humor, nicht zuletzt auch gegenüber sich selbst, aber eben auch gegenüber den Schülerinnen und Schülern" (Ruep 2005).

Dies ist ein sehr hoher Anspruch und kann deshalb lediglich als Leitidee dienen. Die herausragende Besonderheit des Lehrberufs ist die Abhängigkeit des Erfolgs von der Mitarbeit der Lernenden. Das erzeugt eine stetige Unsicherheit und kann immer auch scheitern. Von den Lehrenden aber werden – insbesondere im Zeitalter standardisierter, kompetenzorientierter Bildungspläne und empirischer Vergleichsstudien – gute Ergebnisse erwartet, für die sie die Verantwortung tragen sollen. Zwischen den Lehrenden und den Ergebnissen stehen die Lernsubjekte, die über eine Eigendynamik verfügen, welche sowohl eine Standardisierung als auch eine planbare Ergebnissicherung erschweren oder verhindern. Standards sind zudem Festlegungen, die dazu beitragen, dass ein Bessersein-Wollen als der Standard nicht per se angestrebt wird. Das könnte sogar ungewollt zu einer Qualitätsminderung beitragen. Die Folgen der geheimen Miterziehung derartiger Lehrpläne und daraus erwachsender Überprüfungsmodalitäten bleiben abzuwarten. Außerdem sollte es das Ziel einer jeden an den Schülerinnen und Schülern orientierten und liebevoll zugewandten Lehrerpersönlichkeit sein, jedes Kind und jeden Jugendlichen zur vollen Entfaltung seines je individuellen Potentials hin zu führen. Jeglicher Standard kann dabei immer nur ein Hilfskonstrukt sein und darf nicht überbewertet werden. Letzteres gilt auch für empirische Studien, die in Form von Tests aller Art in die Schule hineingetragen werden. Sie richten den Fokus auf spezifische Bereiche und blenden in der Konsequenz andere Bereiche aus, die nicht gemessen werden. Es entsteht außerdem der Eindruck, Quantitäten würden vor Qualitäten gesetzt, weil sie leichter gemessen werden können. Schule aber geht in vielen Bereichen über quantitativ Messbares hinaus. Hier ist für die Zukunft eine Test(un)kultur bzw. „testimonia" zu befürchten, die prüfungsfreie Lernzeiten verringern, in denen auch Fehler gemacht werden dürfen, aus denen erneut gelernt werden kann. Wenn in der Schule nur noch gelernt werden könnte, was auf der Grundlage starker Standards per Test gemessen werden kann, hätte dies eine nicht unerheblich Einschränkung zur Folge.

Schule ist eingerichtet, um allen Kindern und Jugendlichen unabhängig von äußeren Bedingungen bestmögliche Chancen zu eröffnen und ihnen persönlich, aber auch als Teilen der Gesellschaft den Weg in ein menschenwürdiges Leben zu erschließen. Schule selektiert aber auch. Die Selektion erfolgt in Deutschland nicht aufgrund tatsächlicher Kompetenzen, sondern aufgrund sozialer Gegebenheiten, was zu einer signifikanten Ungerechtigkeit führt. Dieser Widerspruch ist das größte Defizit der Schulen in Deutschland, da Rechtsansprüche und Realität hier auseinanderklaffen, problematisch gerade in einem Land, das auf regelgerechtes und rechtskonformes Handeln besonderen Wert legt und dort traditionell auch eine besondere Stärke hat (Naschold 1994-1997).

Die Ansprüche der Gesellschaft treffen mittelbar und indirekt, aber mit spürbarem und mächtigem Druck, über das politische System und die Bildungsadministration auf den pädagogischen Ort des Klassenzimmers, wo letztendlich über den Weg der Wissensgenerierung und des Aufbaus von Kompetenzen, das gehört zum Selbstverständnis der Pädagogen, je individuelle Mündigkeit und Selbstbestimmung erzielt werden sollen. Man denke hier nur an die Ansprüche der Ökonomie an die Schulen als Produzenten brauchbarer Mitarbeiterinnen und

Mitarbeiter, womit in den letzten Jahrzehnten eine Ökonomisierung der Pädagogik einherging. Euler warnt vor einer Ökonomisierung des Bildungsbereichs, da die Zukunft sowohl „qualifikationstheoretisch als auch lerntheoretisch nicht prognostizierbar" ist (Euler 2004, S. 41). Bei Bildung und Erziehung reden viele mit, die getroffenen Urteile sind nicht selten am gesunden Menschenverstand orientiert und oftmals wenig sachgerecht und nicht hinreichend reflektiert. Entscheidungsträger in der Administration sind häufig Juristen mit wenig Kenntnis der Situation der Einzelschulen und noch weniger Verständnis für die Arbeit der einzelnen Lehrpersonen. Im Gegenteil ist seit der ersten PISA-Studie bekannt, dass Lehrerinnen und Lehrer in Deutschland weniger Respekt genießen als in allen anderen Ländern.

Beim Wechsel von der Vorgaben- zur Ergebnissteuerung mit hoher Verantwortlichkeit der einzelnen Schule und hier der einzelnen Lehrkraft sind es aber gerade Verständnis, Vertrauen, Respekt und die notwendige Sachkenntnis, die den Erfolg des Unternehmens erst ermöglichen können. Stattdessen dominiert nach meiner Beobachtung auch mitten in dem vorgenommenen Umsteuerungsprozess noch die Illusion, zentralistisch, linear-technologisch vorgehen und kontrollieren zu können. Verwaltungsabläufe werden dann nicht von der Schule her gedacht, sondern in traditioneller Weise gestaltet und an verwaltungstechnischen Kriterien ausgerichtet. Wer aus der Einzelschule heraus in eine solche Verwaltung kommt und dort arbeitet, kann nicht umhin festzustellen, dass viele Verwaltungsaktivitäten für die Einzelschule nicht von Belang sind und dass die Dinge, die für die Schule von Bedeutung sind, oft und bei zurückgehenden Ressourcen zunehmend nicht schnell und gut genug bewältigt werden können.

In Baden-Württemberg z.B. wurde durch eine Verwaltungsstrukturreform die Kommunikation zwischen den verschiedenen Ebenen erheblich erschwert und eine Richtung eingeschlagen, die für die Schulen nicht dienlich und äußerst verwirrend ist. Anstatt die Anzahl der Ebenen zu reduzieren und die Verwaltung am strategischen Ziel einer eigenständigen Einzelschule auszurichten, sind die Schnittstellen der Kommunikationen zwischen den hierarchischen Zuständigkeiten vervielfältigt worden. Luhmann hält andauernde Reformen für den vergeblichen Versuch, das Bildungswesen zu verbessern, wobei unvorhergesehene Nebenwirkungen aufgrund der nichtlinearen Steuerbarkeit zu wenig ins Kalkül gezogen werden und durch diese Situation der stetigen Unzufriedenheit mit dem Ist eine Reform die andere nach sich zieht (Luhmann 2002, S. 166).

Durch den grundlegenden Gegensatz zwischen Gesamtsystem und Klassenzimmersituation ist es Lehrerinnen und Lehrern, so meine Beobachtungen und Erfahrungen der letzten 30 Jahre im Bildungssystem Baden-Württembergs, immer möglich, zentrale Reformen ein Stück weit zu unterlaufen oder auszusitzen (was von vielen auch so gesagt wird) und sich auf die Arbeit des Unterrichtens zu konzentrieren oder eben auch nicht. Meines Erachtens liegt das nicht zuletzt daran, dass Lehrerinnen und Lehrern nicht die Zeit gegeben wird, Neuerungen für sich nachzuvollziehen, die notwendigen Kompetenzen zu erwerben und den Gewinn für sich selbst zu erkennen. Das Dilemma daran ist, dass eine umfassende Partizipation aller Betroffenen notwendige Reformen verunmöglichen würde, weil es dafür kaum ein praktikables Verfahren gibt (bestenfalls vielleicht in einem kleinen Schweizer Kanton wie Appenzell), dass aber andererseits bei Nichtbeteiligung die wichtigen Akteure vor Ort, die Lehrerinnen und Lehrer, auf Dauer nicht die „richtigen", d. h. vom System und damit von der Gesellschaft beabsichtigten Dinge tun und somit den Schülerinnen und Schülern Chancen vorenthalten.

Die Kritik an der Schule ist so alt wie die Schule selbst. Wer in der Schule arbeitet und dies gern tut, erlebt, dass die Dinge, wenn die Menschen im Alltag gut zusammenarbeiten, weitaus besser laufen, als die Kritik dies vermuten ließe. Wichtig ist es, stetig zu beobachten und zu lernen, Widersprüche auszuhalten und klug damit umzugehen, weil Menschen selbst voller Widersprüche sind, aber eben auch im Sinne eines lernenden Systems nach stetiger Verbesserung zu suchen.

Für die Schulen, vor allem für die Interaktion zwischen den Menschen dort, ist es gut und heilsam, dass sie von außen nicht unmittelbar gesteuert werden können und dass sie Veränderungsprozesse automatisch verlangsamen. Allerdings kann es dann auch sein, dass notwendige Veränderungen nicht oder ungewollt anders greifen als vorgesehen. Wenn die Einzelschule und die einzelne Lehrkraft die Qualität ihrer Arbeit nicht stetig überprüfen und verantworten, wird eine eher unreflektierte Praxis die Folge sein.

Ein staatliches Erziehungssystem oder ein „Erziehungssystem der Gesellschaft" (Luhmann) ist angesichts der Komplexität der Welt notwendig, ebenso wie eine Verpflichtung zum Lernen für die junge Generation. Insoweit lässt sich ein Zwang hierzu kaum ausschließen und macht Sinn, wenn man für Kinder und Jugendliche den Einstieg ins Leben positiv gestalten möchte. Schule hat es dabei angesichts bestehender Entwicklungen einer Medien-, Spaß- und Erlebnisgesellschaft (von Cube 1992; Schulze 1995) und einer spürbaren an der Globalisierung orientierten Ökonomisierung nicht leicht, da sie Anstrengungsbereitschaft und Leistungswillen einfordern sowie ein über die Produktion eines „homo oeconomicus" hinausgehendes Erziehungs- und Bildungsziel aufrechterhalten muss. Wer sollte letzteres tun, wenn nicht Lehrerinnen und Lehrer, die den Kindern und Jugendlichen fordernd und fördernd zugeneigt sind. Die Fragen, die sich aufgrund der immer wieder notwendigen kritischen Analyse des Ist ergeben, richten sich darauf, wie das Schulwesen insgesamt im Kontext von Nichttrivialität adäquat gesteuert werden kann und wie vor allem das Geschehen im Klassenzimmer so gestaltet werden kann, dass sowohl Lehrerinnen und Lehrer wie ihre Schülerinnen und Schüler dabei gewinnen hinsichtlich ihrer je eigenen positiven Entwicklung. Wie können wir also sicherstellen, dass Schule auf gute Weise gestaltet und entwickelt wird, wenn sie eigenverantwortlich handeln soll und nicht auf traditionelle Weise kontrolliert werden kann?

2.2 Evaluation im Kontext von Qualitätsmanagement

„Prüfet alles, und das Beste behaltet."

Johann Wolfgang von Goethe

Qualitätsmanagement und Evaluation sind zwei Konzepte mit vergleichbarer Zielsetzung, die traditionell nicht miteinander verbunden waren (Stockmann 2006, S. 25). Qualitätsmanagement ist als Führungsaufgabe zu verstehen und bedeutet nichts anderes als die stetige Optimierung von Organisationen (Rüegg-Stürm u.a. 2004/4, S. 223 ff.).

Der Qualitätsbegriff ist schillernd und nicht klar definiert. Qualität wird seit Aristoteles als Kategorie zur Beschreibung der Dinge verwendet und meint deren Art, Beschaffenheit, Sorte, Güte, Wertstufe, Eigenschaft oder Fähigkeit. Qualität ist ein relativer Begriff. Etwas als gut oder weniger gut zu bewerten, hängt von Wahrnehmungs- und Sichtweisen, von Grundeinstellungen und Haltungen sowie von kulturellen Kontexten und Bezügen ab. Nach Heid (2000), Terhart (2000) oder Harvey/Green (2000) ist Qualität keine stabile Größe, sondern immer das Resultat einer impliziten Bewertung der Beschaffenheit eines Objekts. Damit sind die Subjektbezogenheit sowie der soziale und normative Kontext der jeweils Beobachtenden ein Teil aller Überlegungen zu Qualität und Qualitätsmanagement. Um Qualität festzustellen, bedarf es zunächst als Voraussetzung die Klärung der geltenden subjektiven Annahmen und Wertvorstellungen. Instrumente zur Qualitätsfeststellung stellt die Evaluation bereit. Evaluation bedeutet Bewertung, Wertschätzung oder (Ein)Schätzung, in der ursprünglichen Bedeutung heißt es „Würde und Mut haben" (von èvaluer). Dabei versteht man unter Evaluation ein systematisches, Daten gestütztes, nach einer spezifischen Prozesskette ablaufendes Bewertungsverfahren.

Die aktuelle Qualitätsmanagementdiskussion entstand aus dem betrieblichen Kontext. Betriebliches Vorschlagswesen (BVW), Benchmarking, Lean Production, Kaizen (die japanische Form kontinuierlicher Verbesserungsprozesse), Business Reengineering, Total Quality Management/TQM, das Konzept der Lernenden Organisation oder der St. Gallener integrierte Managementansatz stehen als Konzepte für Qualitätsverbesserung in Unternehmen. Nicht zuletzt geht es um „das Gestalten, Lenken und Entwickeln von Unternehmen…im Kern als Komplexitätsbewältigung" (Dubs u.a. 2004/1, S. 53; Mintzberg 2004). Häufig wird dabei die Kundensicht ins Zentrum der Optimierungsüberlegungen gerückt (Zink 1995, S. 28). Während ursprünglich objektive Kriterien wie technische Normen und Spezifikationen, konkret z. B. Bruchfestigkeit oder Farbechtheit eines Produkts, als Qualitätsmaß Gültigkeit hatten, werden inzwischen auch subjektive Kriterien wie Kundenzufriedenheit im Sinne eines ‚fitness for use' für die Produktnutzer gemessen (Stockmann 2006, S. 23).

Qualität wird ermittelt, gemessen, interpretiert und bewertet durch Evaluationsinstrumente wie z. B. das EFQM-Modell (European Foundation for Quality Management), die Balanced Score Card/BSC (Kaplan/Norton 1997) oder das Konzept der DIN EN 901:2000 (DIN 2000). Gemäß letzterem ist Qualität ein Grad, in dem ein Satz inhärenter Merkmale Anforderungen erfüllt (ebd.). Das EFQM-Modell umfasst die Einflussgrößen „Befähiger" und „Ergebnisse", orientiert sich an der Politik und Strategie des Unternehmens, an dessen Partner, den zur Verfügung stehenden Ressourcen sowie vor allem an den Kunden, den Mitarbeiterinnen und Mitarbeitern und der Gesellschaft als Ganzem. Dabei werden die Qualitätsbereiche „Führung", „Prozesse" und erzielte „Schlüsselergebnisse" untersucht (European Foundation for Quality Management 2001). Die Balanced Score Card stellt unter Beachtung der Besonderheiten der Organisation ein ausgewogenes Zielsystem zur Verfügung, bei dem verschiedene Perspektiven, z.B. Mitarbeiter, Kunden, Ressourcen, miteinander in Einklang gebracht werden müssen. Beim Konzept der Lernenden Organisation stehen Instrumente zur Wissensgenerierung der ganzen Organisation im Zentrum, wobei Wissen als Produktionsfaktor und Wissensmanagement als wesentliches Erfolgskriterium der Organisation verstanden werden (Senge 1996a, 1996b, 2000; Argyris 1997, Heiner 1998; Argyris/Schön 2002).

Wer die Qualität einer Sache durch Messung oder Beurteilung feststellen will, braucht einerseits einen Standpunkt, von dem aus gemessen wird, andererseits Kriterien für eine Bewertung oder Beurteilung. Dabei muss immer wieder ausgehandelt werden, was unter gut, besser oder schlechter verstanden wird. Dass in Betrieben dabei auf die Kundenwünsche und die Kundenzufriedenheit geachtet wird, liegt an den Gesetzen des Marktes. Gekauft wird nur, was gefällt oder was via Marketing gefällig gemacht wird. Produkte werden mit Marken versehen, die oft mehr enthalten als die objektiv messbaren Teile. Der Wert eines Autos z. B. stellt für den Kunden dann mehr dar als nur die Summe der Teile, aus denen es gefertigt ist.

Evaluation muss bei der Qualitätsfeststellung als Werkzeug oder Unterstützungssystem verstanden werden. Scriven bezeichnet Evaluation als „jegliche Art der Festsetzung des Wertes einer Sache", Suchmann versteht darunter den „Prozess der Beurteilung des Wertes eines Produktes, Prozesses oder eines Programms" (zitiert in: Wottawa 2003, S.13). Es geht immer darum, „auf der Basis von empirisch feststellbaren Sachverhalten einen Vorgang insgesamt hinsichtlich der Wirkungskette, d.h. summativ, zu bewerten oder im Prozess auch mit Teilevaluationen, d.h. formativ, optimaler zu gestalten (ebd., S. 43). Evaluation dient „als Planungs- und Entscheidungshilfe und hat somit etwas mit der Bewertung von Handlungsalternativen zu tun" (ebd., S. 14). Sie ist an Zielen und Zwecken orientiert und dient der jeweiligen Optimierung. Dem gemäß müssen die verwendeten Instrumente dem je aktuellen Stand von Wissenschaft und Forschung entsprechen. Wottawa unterscheidet das aus der industriellen Produktion stammende Qualitätsmanagement von psychologisch-sozialwissenschaftlicher Evaluation (ebd.). „Für die Messung der im Dienstleistungsbereich erforderlichen empirischen Indikatoren sind im Gegensatz zur technischen Qualitätsprüfung natürlich ‚weiche' Aspekte, für deren Messung und sachgerechte Interpretation entsprechend psychologisch oder sozialwissenschaftlich begründete Messinstrumente erforderlich sind, unverzichtbar" (ebd., S. 44). Wottawa kritisiert die Anwendung von Evaluation in Nonprofitorganisationen durch rein betriebswirtschaftliches Vorgehen ohne Personen mit psychologisch-sozialwissenschaftlicher Ausbildung. Meist stehen nicht genügend qualifizierte Personen zur Verfügung, Instrumente produktionsorientierten Qualitätsmanagements werden dann im ungünstigen Fall unreflektiert auf Bereiche übertragen, für die sie nicht passen (ebd., S. 45). Darin liegt ein prinzipielles Dilemma auch und gerade, wenn Qualitätssicherungssysteme im Bildungsbereich eingesetzt werden. Politische Systeme oder öffentliche Verwaltungen, so auch etwa das Bildungswesen eines Staates, setzen neuerdings hauptsächlich aus Kostengründen betriebswirtschaftliche Managementkonzepte ein, in der Bundesrepublik Deutschland sind das z. B. Berlin oder Baden-Württemberg. Hier sind es die so genannten Neuen Steuerungsinstrumente (NSI) mit EFQM-Ansätzen und einer Balanced Score Card, die bis in die Einzelschulen hinein umgesetzt werden sollen.

Evaluation hat für das Qualitätsmanagement als empirisches Instrumentarium zur Informationsgewinnung und -bewertung dienende Funktion. Es handelt sich dabei um ein systematisches Vorgehen hinsichtlich eines Gegenstandsbereichs. Ziel ist die Messung und/oder Bewertung der Sache auf der Grundlage definierter Standards mit Hilfe festgelegter Kriterien und Indikatoren. Die dabei mit objektiven und validen Messverfahren erhobenen Daten werden analysiert und bewertet. Maßnahmen zur Optimierung der überprüften Sache werden daraus abgeleitet (Stockmann 2006, S. 9). Stockmann nennt als Leitfunktionen der Evaluation die „Gewinnung von Erkenntnissen", die „Ausübung von Kontrolle", die „Schaffung von Transparenz und Dialogmöglichkeiten" und die „Legitimation der durchgeführten Maßnahmen" (ebd., S. 29). Evaluiert werden können Programme, also Input-Maßnahmen, Prozesse und Ergebnisse bzw. Wirkungen (Output bzw. Outcome). Zu unterscheiden sind interne und externe bzw. Selbst- und Fremdevaluation. Intern evaluieren heißt, dass die Akteure ihr eigenes Handeln in Bezug auf einen ausgewählten Sachverhalt selbst einer Prüfung unterziehen und verantworten, durchaus auch mit externer Hilfe. Externe Evaluation bedeutet, dass das Evaluationsverfahren insgesamt von außen gesteuert und verantwortet wird. Die Deutsche Gesellschaft für Evaluation (DeGEval) hat in Anlehnung an das „Joint Committee on Standards for Educational Evaluation" Qualitätsstandards für Evaluationsverfahren vorgelegt. Danach sollen Evaluationen *nützlich, realistisch, rechtlich und ethisch korrekt* sowie *genau* sein (Deutsche Gesellschaft für Evaluation 2002 und 2004). Für die Betroffenen bedeutet das letztlich, dass sie den Sinn des Ganzen erfassen können und dass das Evaluationsverfahren ohne zu großen Aufwand machbar ist.

Qualitätsmanagement und Evaluation gehören zusammen und beziehen sich insbesondere in Non-Profit-Organisationen (aber auch in allen anderen Organisationen mit integrativem Management) auf Bereiche, die weitgehend nicht objektiv zu fassen sind. Immer geht es um Menschen, auch dann, wenn es um Produkte geht, die verkauft werden sollen. „Mitarbeiter" und „Kunden", werden sie einbezogen in ein wie auch immer konzipiertes Qualitätsmanagementsystem, machen als je individuell handelnde Subjekte rein rationale, objektive Verfahren oder Messungen so gut wie unmöglich. Da hier Voraussetzungen, subjektive Einschätzungen, Wertungen, Meinungen, mentale Modelle oder Alltagstheorien im Spiel sind, muss der stetige Diskurs aller Betroffenen gewissermaßen eine Objektivierung bzw. Intersubjektivität herbeiführen im Sinne einer stetigen Vergewisserung der handelnden Experten. Darunter sind dann nicht objektiv messbare Tatbestände zu verstehen, sondern Bewertungen und Beurteilungen als Ergebnis dialogischer Verfahren im Sinne des gleichzeitigen „double-loop-learning" bzw. „Doppelschleifenlernens" (Argyris 2002, S. 36 f.). Letzteres ist mit Rückmeldeverfahren („Schleifen") verbunden, aus denen gelernt und verändertes Handeln abgeleitet wird. Im Kontext der Lernenden Organisation ist es die einzige Form des Lernens, die „zu einem Wertewechsel sowohl der handlungsleitenden Theorien als auch der Strategien und Annahmen führt" (ebd., S. 36).

„To say that there are as many definitions as there are evaluators is not to far from accurate" (Franklin/Trasher 1976, S. 20) bringt zum Ausdruck, wo das Problem liegt, wollen wir gerade im Bildungsbereich Evaluationsinstrumente einsetzen und damit die Qualität der Vorgaben, der Prozesse, der erzielten Ergebnisse und Wirkungen sichern und verbessern. Zur Evaluation nicht trivialer Systeme müsste denn auch die sachgerechte Interpretation von Quantitäten gehören. Eine rein quantitative Evaluation, die es nur mit der Erhebung von Zahlen, Daten und Fakten zu tun hat im Sinne von „accountability" bzw. „Miss es oder vergiss es!" ist bestenfalls für triviale Systeme geeignet. Die ersten Schwierigkeiten beginnen spätestens bei der Interpretation der erhobenen Daten, die zu individuell höchst unterschiedlichen Aussagen führen. Man denke nur an die Aufarbeitung der ersten PISA-Studie, bei der je unterschiedliche Interessengruppen ihre unterschiedlichen Schlüsse gezogen haben – ein Beispiel für das Nicht-Lernen in der „Doppelschleife" als dialogische Meta-Reflexion, die gerade im Kontext von Wertpluralismus (Patry 1997; Gastager/Patry 2006, S. 109 ff.) notwendig wäre. Qualitative Evaluation braucht durch den notwendigen diskursiven Ansatz eingeplante Lernzeit sowie Zeit und Instrumente für Rückmeldungen. Strategisches Management muss beides im Blick haben, quantitative Erhebungen und qualitative Bewertungen und Beurteilungen (Malik 2001, S. 242 ff.). Dazu gehört vor allem ein Bewusstsein vom Menschen als „nichttrivialer Maschine", der immer teilhat am „Produkt" als Ergebnis oder Zweck einer Organisation.

Managementkonzepte wirken oft sehr technokratisch und suggerieren die Machbarkeit der je vorgeschlagenen Theorie. Auch in der Evaluationsforschung gibt es zwei Forschungsparadigmen, das eine, bei dem Evaluation als objektives, empirisch-wissenschaftliches Verfahren definiert wird und das zweite, das am

Nutzen gemessener Ergebnisse für die Praxis ausgerichtet ist. Letzteres geht von der Konstruktion der Realität durch die handelnden Personen aus, in die auch Machtverhältnisse und Interessen hineinspielen. Wer mit dem Menschen als jeweils eigenständigen Persönlichkeiten respektvoll rechnet, braucht m. E. in der Konsequenz weitaus mehr als eine linear-technokratische Verfahrensweise. Dies gilt besonders für den Bildungsbereich, speziell für die je einzelne Schule, wo es um noch unfertige Kinder und Jugendliche geht. Hier haben wir es mit einer Komplexität zu tun, die wir auch bei allen denkbaren Bemühungen um Reduktion nicht mit betriebswirtschaftlichen Techniken zu fassen bekommen.

2.3 Qualitätsmanagement und Evaluation in der Schule

„Qualitätsmanagement und Evaluation stehen im Bildungsbereich nicht nur weitgehend unverbunden nebeneinander, sondern die Potentiale beider Instrumente werden auch nicht ausreichend ausgeschöpft. Die Reduktion von Qualitätsmanagement auf die Einführung kaufmännischer Prinzipien, auf Controlling und Zielvereinbarungen, sowie die Reduktion der Evaluation auf wenige Verfahren wie vor allem Lehrevaluation sowie die Konzentration auf ‚peer review'-Verfahren beschränken die vorhandenen Möglichkeiten zur Qualitätsentwicklung im Bildungsbereich."

Reinhard Stockmann

Qualitätsmanagement und Evaluation im Bildungs- und Erziehungswesen einzuführen, heißt, zwei unterschiedliche Konzepte zunächst zusammenzuführen, sie in den Bildungsbereich zu transformieren und sie dort in zwei verschiedene Systeme zu implementieren: In das staatlich-politische System der Bildungsadministration einerseits und in die jeweilige Einzelschule andererseits.

Wie oben ausgeführt, handelt es sich um unterschiedliche Kommunikationssysteme mit prinzipiell unterschiedlichen Handlungsmustern und organisationskultureller Identität, was meines Erachtens in der Regel von den Akteuren, insbesondere in der Schuladministration, bei ihrem auf die Schulen ausgerichteten Handeln nicht hinreichend reflektiert und berücksichtigt wird. Kempfert/Rolff unterscheiden die durch die Einzelschulen, also „Bottom up", initiierten von den zentral administrierten, „Top-down" gesteuerten, Entwicklungen (Kempfert/Rolff 2005). Im zweiten Fall geht die Initiative zur Qualitätssicherung von der einzelnen Schule aus, die auf der Grundlage der an sie gestellten Anforderungen ein Qualitätsverständnis entwickelt und mittels kriterien- und indikatorengestützter Evaluation einen systematischen Lern- und Optimierungsprozess durchführt. Die Autoren definieren Schulqualität als „Lernqualität der Schüler" (ebd., S. 11), wobei diese nicht als Kunden, sondern als „Koproduzenten des Lernens" zu sehen sind, die nicht wie im betrieblichen

Bereich die Anforderungen bestimmen. Schulische Anforderungen nämlich entstehen aus „staatlichen Lehrplänen, gesellschaftlichen und wirtschaftlichen Erwartungen, der Wissenschaft, der Bildungs- und Erziehungstheorie und aus Leitbild / Schulprogramm" (ebd.).

Meines Erachtens wären Schülerinnen und Schüler auch überfordert, wollten sie gleich Kunden am Markt das bestimmen, was für sie bereitgestellt werden soll. Das bedeutet aber nicht, dass sie nicht durch ein Feedbacksystem Rückmeldung geben könnten, z. B. darüber, was und wie sie gelernt haben und wie sie den Unterricht erleben, wie sie sich selbst einschätzen, wie sie ihren Lernprozess wahrnehmen oder was in einem Schulcurriculum aufgenommen werden sollte. Dabei muss altersgerecht verfahren werden und meines Erachtens das Ziel der Eigenverantwortung als Leitlinie gelten.

Kriterien für die Evaluation sind die „Vorgaben der Behörde bzw. des Parlaments,…Leitbild / Schulprogramm, Projektziele / Projektauftrag / Leistungsauftrag, Vergleiche / Benchmarking, vereinbarte Qualitätsindikatoren und -standards [‚Performance Indicators']" (ebd.).

Für die Schulen gibt es definierte Qualitätsbereiche, so z. B. in Baden-Württemberg die Bereiche „Unterrichtsergebnisse und Unterrichtsprozesse" „Professionalität der Lehrkräfte", „Schulführung und Schulmanagement", „Schul- und Klassenklima", „Außenbeziehungen" und „Qualitätsmanagement" (Landesinstitut für Schulentwicklung Baden-Württemberg 2005; Teichmann 2005, S. 13) oder nach dem Q2E-Modell die Bereiche „Inputqualitäten", „Prozessqualitäten" (Schule und Unterricht betreffend), „Output bzw. Outcomequalitäten" und „Qualitätsmanagement" (Kempfert/Rolff 2005, S. 14).

Um die Qualität jeweils zu messen, brauchen Schulen geeignete quantitative und qualitative Erhebungsinstrumente wie standardisierte Fragebögen, Analyse von Schulstatistiken und Tests [quantitativ] oder Gespräche, Interviews, offene Fragebögen, Fotodokumentation, Checklisten, Unterrichtsbeobachtung nach Plan, Auswertung von Schülerarbeiten und Schuldokumenten, Tagebücher oder Videofilme [qualitativ] (ebd., S. 99 ff.).

Die Schulen verfügen traditionell über eine Fülle statistischer Daten, die auch in der Vergangenheit erhoben wurden Die Anwendung qualitativer Datenerhebung ist in Deutschland kaum und vor allem nicht an standardisierten Gütekriterien orientiert üblich. Die Kompetenzen für den Einsatz der Instrumente sind im internationalen Vergleich defizitär und müssen erst aufgebaut werden.

Bisher gab es, das ist tendenziell weltweit zu beobachten, bei dieser von den Einzelschulen ausgehenden Entwicklungslinie erhebliche Implementierungsprobleme. Die Implementierung von Veränderungen ist auch beim betrieblichen Qualitätsmanagement das Hauptproblem und gelingt nur dann, wenn die Partizipation von Mitarbeitenden beachtet wird. Bei qualitätsorientierten Changemanagementprozessen gelingt die Implementierung der Innovationen bei mehr als 60 % nicht (Ruep/Keller 2004, S. 127 ff.).

Die Evaluationsberichte von Bastian/Rolff (2003) und Rolff (2004) zeigen auf,
- dass sich nur wenige Schulen freiwillig beteiligen
- dass sich Selbstevaluation an den Schulen zwar verbreitet, dass dabei aber die Unterrichtsevaluation vermieden wird
- dass mit den erhobenen Daten nicht offen umgegangen wird
- dass bei verpflichtender Fremdevaluation die Selbstevaluation intensiviert wird
- dass Evaluation Ängste und Widerstände auslöst und
- dass konkrete Erfahrungen mit Evaluation Ängste und Widerstände mindern.

Wollte man sich als verantwortlicher Bildungspolitiker allein appellativ auf die „Bottom-up"-Linie verlassen, ohne eine Verpflichtung zum Qualitätsmanagement mit Selbstevaluation vorzugeben, würde in Folge schulisches Qualitätsmanagement an einigen wenigen Schulen entwickelt werden, eine flächendeckende Implementierung würde nicht stattfinden. Damit wäre eine Vergleichbarkeit der Schulen im Rahmen des öffentlichen Bildungswesens nicht möglich.

Bei der „zentral administrierten Entwicklung" werden von staatlicher Seite Qualitätsstandards definiert, so z. B. in Deutschland von der Kultusministerkonferenz (KMK) 2003 die „nationalen Bildungsstandards". Zentral wird das Qualitätsverständnis festgelegt und die Fremdevaluation eingeführt. Steuerung und Implementierung erfolgen im Zusammenspiel von Standards, Tests und zentralen Prüfungen. Die KMK hat die Standards zentral entwickelt, die von den Ländern ebenso zentral administriert werden (Kempfert/Rolff 2005, S. 20). Die nationalen Bildungsstandards beschreiben fachbezogene Kompetenzen und erwartete Leistungen im Rahmen eines Bereichs mit mittlerem Anforderungsniveau. Die Standards zielen auf systematisches und vernetztes Lernen bzw. kumulativen Kompetenzerwerb. Dabei wird nur ein fachlicher Kernbereich vorgeben und durch Aufgaben veranschaulicht. In den Schulen sind für Schulcurricula Freiräume vorgesehen. Diese Vorgehensweise in Deutschland lehnt sich an internationale Methoden und Erfahrungen an. Die Standards werden in den Bundesländern durch Diagnose- und Vergleichsarbeiten sowie durch zentrale Abschlussprüfungen gemessen (ebd., S. 20 f.). Sie müssen ihrerseits Qualitätskriterien aufweisen, damit sie als ‚starke Standards' gelten können.

Nach Böttcher sind dies
- Klarheit hinsichtlich dessen, was gelernt werden soll
- Knappheit, d.h. die quantitative Beschränkung zugunsten schulischer Freiräume
- Realismus, d.h., sie müssen für Schülerinnen und Schüler erreichbar und zu bewältigen sein und schließlich
- Anspruch, d.h., sie sollen ein adäquates Anforderungsniveau haben, um Anstrengung und Leistungsbereitschaft zu provozieren. (Böttcher 2006, S. 41 ff.).

Die ersten beiden Kriterien könnten dazu führen, dass eine starke inhaltliche Reduktion erfolgt, weil die Kompatibilität zwischen klar und knapp formuliertem Standard und Überprüfbarkeit hergestellt werden muss. Mittelfristig könnten sich also die Standards an den möglichen Aufgabenstellungen und der möglichst einfachen Überprüfungsmodalität ausrichten. Zwischen Realismus und Anspruch das richtige Maß zu finden, ist ohnehin ein altes Problem von Unterricht. Aus der Motivationsforschung ist seit langem bekannt, dass dann optimal gelernt wird, wenn ein Anspruchsniveau erreicht wird, das einerseits nicht entmutigt, das andererseits aber auch vom Lernenden als herausfordernd erlebt wird. Dies ist für Lehrende in Schulklassen, in denen sie sich individuell auf je Einzelne einlassen und sie fördern sollen, eine nicht geringe Herausforderung, die eine spezifische Vorgehensweise beim Unterrichten voraussetzt.

Nach Kempfert/Rolff ist „das Qualitätsverständnis des Teststandard-Modells...betont fachspezifisch" und beschränkt sich auf die Fächer Deutsch, Mathematik und Englisch (ebd., S. 24). Hartmut v. Hentig (2003, S. V 30) spricht von der Drei-Fächer-Schule, wobei das Was des Lernens deutlich vor dem Wie betont werden muss, da sich die Testkonstruktionen an den skalierungstechnischen Notwendigkeiten und an den Abbildungsmöglichkeiten auf Kompetenzskalen orientieren. Am Ende bestimmen der Test und die Prüfungsweise, was in der Schule geschieht (‚teaching to the test'), weniger der eigentliche Bildungsplan sowie Leitbilder, Schulprogramme oder Schulcurricula. Eine weitere Schwierigkeit ergibt sich daraus, „dass Lehrkräfte nicht in der Lage sind, derart anspruchsvolle Kompetenztests selbst auszuwerten" (Kempfert/Rolff, S. 25), was zu Abhängigkeiten von Testinstituten und somit zur Entfremdung von der eigenen Arbeit führen kann. Die Rückmeldungen der Ergebnisse sind für die einzelne Lehrperson hinsichtlich ihres spezifischen Unterrichtens und somit ihrer Wirksamkeit bezüglich guter oder schlechter Lernergebnisse nicht aussagekräftig. Erste Untersuchungsergebnisse in den USA nach langjährigen Erfahrungen mit Tests zeigen, dass Teststandards nicht messen, was sie vorgeben, dass schwache Schulen und schwache Schülerinnen und Schüler noch schwächer werden und dass in Folge die Demotivation größer ist als die durch Tests entstehende Motivation (ebd, S. 25).

Derzeit ist in Deutschland das zentral gesteuerte Qualitätsmanagement auf ausgewählte Kernbereiche reduziert und umfasst insoweit nur Teilbereiche dessen, was in den Schulen tatsächlich geschieht. Ein auf Schulen übertragenes Total Quality Management müsste weitaus mehr analysieren und bewerten als das, was „Top-down" begutachtet wird. Die Einzelschule selbst ist also nicht nur gefordert, das Qualitätsmanagement in die Hand zu nehmen und sich nicht nur auf die zentral vorgegebenen Qualitätsbereiche und Evaluationsverfahren zu beschränken, sondern sie muss um der Schülerinnen und Schüler willen sich selbst und der Gesellschaft Rechenschaft darüber ablegen, was sie tut, damit sie nicht unangemessenen und falschen Vorwürfen ausgesetzt ist. Böttcher u. a. (2006, S. 10 f.) unterscheiden hierfür z. B. in Anlehnung an Rossi 2004 die Bewertung des Bedarfs, die Bewertung der Programmtheorie, die Bewertung der Programmprozesse, die Bewertung der Wirkungen und die Bewertung der Programmeffizienz. Holtappels unterscheidet die Evaluationsebenen „Pädagogische Prozesse", „Fachevaluation", „Projektevaluation", „Programmevaluation", „umfassende Qualitätsevaluation" und „Systemevaluation" (Holtappels 2003, S. 204 ff.).

Wenn, wie derzeit zu beobachten, die Energie der Schulen in erheblichem Maß von Test- und Prüfungsverfahren absorbiert ist und Lehrkräfte sich aus guten Gründen davon leiten lassen, besteht durchaus die Gefahr, dass für alles andere keine Zeit bleibt, dies auch nicht für so wichtig erachtet wird, da die von außen vorgegebenen Tests und Prüfungen selektiven Charakter haben und für die Schülerinnen und Schüler von größter Relevanz sind.

Stockmann macht darauf aufmerksam, dass die zentrale Implementierung solcher Verfahren die Tendenz haben, neue bürokratische Strukturen zu erzeugen, z.B. durch die Produktion von mit Zahlen, Daten und Fakten gefüllten Dokumentationen, von deren Interpretation und daraus abgeleiteten Konsequenzen alle weitergehenden Optimierungsprozesse abhängen. Dies lässt die Einführung von Qualitätsmanagementverfahren eher misslingen, insbesondere dann, wenn nicht interaktiv und partizipativ vorgegangen wird (Stockmann 2006, S. 34 f.). Nach Stockmann wird Evaluation im Bildungsbereich derzeit eher als Kontrollinstrument verstanden und eingesetzt, weniger als Lernchance, was es aber für die Einzelschule unbedingt sein sollte. Die durch die Deutsche Gesellschaft für Evaluation definierten Standards für Evaluation werden zudem nicht eingehalten, eine Metaanalyse zu bestehenden Evaluationsverfahren gibt es noch nicht (ebd., S. 37). Dadurch entstehen „Evaluations-Steuerungsbrüche", nämlich die „Lückenhaftigkeit" derzeitiger zentraler Qualitätsmanagementsteuerung, die „Akzeptanzprobleme", insbesondere bei den Lehrkräften, die „dünnen Implementierungskonzepte" ohne ausreichende Unterstützung während der Einführungsphase und das daraus folgende „Misslingen der Innovation" bzw. die „Redimensionierung der Innovation" (Altrichter/Heinrich 2006, S.51 ff.). Während der Implementierungsphase von Innovationen bedarf es der umfassenden Unterstützung der Schulen, insbesondere der Lehrerinnen und Lehrer, damit diejenigen Kompetenzen aufgebaut werden können, die für die Übernahme von Verantwortung für Qualitätsmanagement und Evaluation nicht nur in der Schule, sondern auch in den Klassenzimmern erforderlich sind.

Bei aller Kritik darf nicht vergessen werden, dass eine Veränderung dieses Ausmaßes nicht ohne Schwierigkeiten umgesetzt werden kann. Dass auf dem Weg zu einer veränderten Steuerung Fehler auftreten, die ebenso auf dem Weg korrigiert werden müssen, liegt geradezu auf der Hand. Umso wichtiger ist es, nach gelingenden Möglichkeiten und Beispielen zu suchen, die vor allem die Qualität dessen ins Auge fasst, was jeweils im Klassenzimmer geschieht. Wenn bei allen zentral gesteuerten oder durch Einzelschulen initiierten Qualitätsmanagementprozessen das Klassenzimmer und der Unterricht nicht erreicht werden, sind die Bemühungen ineffektiv und somit auch aus ökonomischer Sicht fragwürdig.

Es ist wichtig, sich hier noch einmal das unter 2.1. beschriebene Dilemma vor Augen zu führen: Die Steuerung des Gesamtsystems und die Gestaltung des Interaktionssystems Unterricht im Klassenzimmer ist in einer linear-technokratischen Vorgehensweise nicht möglich. Die Systeme sind jeweils voneinander getrennt zu sehen. Will man also über die notwendige Gesamtsteuerung das Klassenzimmer erreichen, und dies muss erreicht werden, wenn wir den Unterricht als Kernbereich von Schule auffassen, muss quasi eine Brücke zwischen Organisation und Klassenzimmer errichtet werden. Es liegt auf der Hand, welche Bedeutung hier der einzelnen Lehrperson beigemessen werden muss und wie bedeutsam gleichermaßen die Führung einer Schule ist.

Kempfert/Rolff (2005) schlagen eine Verbindung zwischen „Top-down" und „Bottom-up" vor, nämlich einen spezifisch pädagogischen Qualitätsmanagementansatz, das „Pädagogische Qualitätsmanagement" / PQM, das sich auf die Einzelschule konzentriert und das dort stattfindet. Die Autoren halten dabei die gleichzeitige Vorgehensweise „von oben und von unten" für „das Effektivste" (ebd., S. 35). Es macht Sinn, den Fokus auf die Einzelschule zu richten, weil dort das spezifische schulinterne Qualitätsmanagement-System dringend erforderlich ist, will die Schule nicht zum bloß ausführenden Organ werden angesichts der von allen staatlichen Bildungssystemen proklamierten weitgehenden Eigenständigkeit der Einzelschule. Allerdings ist damit dennoch die Kluft zwischen zentraler Steuerung und Qualitätsmanagement im Klassenzimmer noch nicht überbrückt. Das Modell führt im Rahmen von Schulentwicklungsprozessen auf der Grundlage des Konzepts der Lernenden Organisation (Senge 1996 a und b) die Bereiche *Organisationsentwicklung, Unterrichtsentwicklung* und *Personalentwicklung* zusammen. Der wesentliche Bezugspunkt ist der jeweilige Lernfortschritt der Schülerinnen und Schüler. Kempfert/Rolff ist dabei die pädagogische Reflexion von Schulqualität besonders wichtig. Unter pädagogischer Qualität verstehen sie eine, die nicht nur auf Wettbewerbsfähigkeit, sondern auf Pädagogik fokussiert ist, wobei ein pädagogischer Qualitätsbegriff entwickelt wird, in dessen Folge nicht nur Vergleiche stattfinden, sondern der sich vor allem an Entwicklung orientiert (Kempfert/ Rolff 2005, S. 41). Es geht hier um die Qualität von schulischem „Input" [Ressourcen, Schulcurriculum und Lernzeit], die Qualität der schulischen Prozesse [Lernformen, Lernkultur und Ablauforganisation] und um die Qualität von „Output" bzw. „Outcome" [Abschlussqualifikationen und Lernergebnisse], welche zu messen und zu bewerten sind (ebd.).

Die schulische Qualitätsarbeit geschieht mittels Instrumenten der Selbstevaluation, mit der Schulen noch keine hinreichenden Erfahrungen haben. Empirische Studien zu Selbstevaluationsprozessen zeigen eine mangelnde Systematik auf, weil oft ohne ausreichende Kompetenz und je individuell vorgegangen wird und weil ein Referenzrahmen fehlt, der auch Zertifikationen ermöglicht (Altrichter/Posch 1997; Buhren u.a. 1998; Burkard/Eickenbusch 2000; Sparka 2001).

Ein wenig klingt das wie die Quadratur des Kreises. Einerseits sollen Schulen eigenständig agieren und durch Qualitätsmanagement mittels Selbstevaluation Rechenschaft über ihr Tun und ihre Handlungsergebnisse ablegen. Andererseits benötigen sie dazu einen vorgegebenen Rahmen, den das zentral und administrativ gesteuerte Qualitätsmanagementsystem vorgibt, gegen den aber gerade von schulischer Seite Widerstände entstehen.

Ein Referenzrahmen für Qualitätsmanagement kann in einem staatlichen Schulsystem nur zentral entwickelt und vorgegeben werden, wenn die Qualität des Qualitätsmanagements ihrerseits stimmen soll. Wichtig ist hierbei, dass bei der Entwicklung der Rahmenvorgaben partizipativ und konsensorientiert vorgegangen wird, was z. B. besonders gut in den Schweizer Kantonen gelingt, da hier demokratische Verfahrensweisen bei gesetzlichen Regelungen eine lange Tradition haben. Vorgaben und ihre Umsetzungsstrategien müssen außerdem an der Schulrealität und dem hier notwendigen Pädagogischen Qualitätsmanagement ausgerichtet und hiermit kompatibel sein. Im übertragenen Sinn bräuchte man andernfalls einen Adapter, der die Kompatibilität herstellt. Das wiederum ist ineffizient im Vergleich zu einer angemessenen Vorgehensweise von Anfang an. Die Schulen ihrerseits müssen zukünftig in jedem Fall über die Kompetenzen verfügen bzw. diese erwerben, um Qualitätsmanagement in ihrem eigenen, nicht betriebswirtschaftlich ausgerichteten System Schule einzuführen und auf Dauer zu implementieren. Diese Kompetenzen haben Schulen noch nicht dadurch, dass es für die zu leistende Sache Vorgaben gibt, die in Schulgesetzen verankert sind. Deshalb sind die qualifizierte, systematische Aus- und Weiterbildung der handelnden Personen, also der Lehrkräfte und Schulleitungen, von herausragender Bedeutung für das Gelingen der Umsteuerung.

Wie in allen deutschen Bundesländern wurde z. B. auch in Baden-Württemberg in den letzten sechs Jahren eine Umsteuerung des Bildungswesens von der klassischen Vorgabensteuerung hin zu einer Ergebnissteuerung auf den Weg gebracht (Ruep/Keller 2004). Am Beispiel dieses Bundeslandes lässt sich illustrieren, wie die zwei o. g. Entwicklungslinien initiiert worden sind und welche Probleme bei der noch nicht abgeschlossenen Implementierung schulischen Qualitätsmanagements entstehen. Bildungspolitisches Ziel ist auch hier die Ausstattung der Einzelschule mit einem größtmöglichen Entscheidungsspielraum bei gleichzeitiger Verpflichtung zur Qualitätsverantwortung und Rechenschaftslegung. Man spricht hier von der „Operativ Eigenständigen Schule" / OES bzw. von der „Schule mit erweiterter Selbstständigkeit". Die Aufnahme einer entsprechenden Regelung ins Schulgesetz ist demnächst zu erwarten. Seit Jahren wurden hier zudem Aufgaben und Zuständigkeiten direkt an die Schulen delegiert, die nicht mehr von übergeordneten Stellen ausgeführt werden, was nicht selten zu Klagen von Schulleiterinnen und Schulleitern führt, die sich überlastet, nicht ausreichend vorgebildet und ohne die notwendige Unterstützung sehen. Für die Schulen bedeutet das in Zukunft die Verantwortung für schulintern durchzuführende Selbstevaluation und die vom Landesinstitut für Schulentwicklung durchgeführte Fremdevaluation. Das Landesinstitut ist von der Schulaufsicht unabhängig und wurde eigens zu diesem Zweck neu und in einer spezifischen Rechtsform gegründet. Die Steuerung in der politisch-administrativen Linie erfolgt durch ein seit wenigen Jahren entwickeltes und derzeit zu installierendes Zielvereinbarungssystem, das auf einer formulierten Vision-Mission des Kultusressorts gründet und mittels einer Balanced Score Card in Zielbeschreibungen gefasst wurde (siehe unten).

Vision allgemeine Schulische Bildung

Unser Fachbereich steht für umfassende Bildung und Erziehung von Kindern und Jugendlichen im Zusammenwirken mit Eltern und anderen Partnern.

Das bedeutet Stärkung der Gesamtpersönlichkeit durch die Entwicklung personaler, fachlicher, methodischer und sozialer Kompetenzen.

Mit unterschiedlichen Bildungskonzepten, die auf aktive Teilnahme ausgerichtet sind, tragen wir den Bedürfnissen der heranwachsenden Menschen und den Erfordernissen unserer demokratisch verfassten Gesellschaft Rechnung.

Unser Fachbereich steht für nachhaltige Qualitätsentwicklung und -qualitätssicherung.

Gemäß dem Subsidiaritätsprinzip wird die Eigenständigkeit der Bildungseinrichtungen weiter ausgebaut.

Unsere Führungsphilosophie zeichnet sich aus durch Transparenz, Vertrauen, gegenseitigen Respekt und Offenheit für Kritik. Teamfähigkeit ist entscheidendes Merkmal für die Professionalität der Lehrkräfte sowie der Mitarbeiterinnen und Mitarbeiter.

Wir stärken durch die Qualität unserer Arbeit das Bewusstsein, dass Bildung und Erziehung sowohl im nationalen als auch im internationalen Kontext eine zentrale Zukunftsinvestition darstellen.

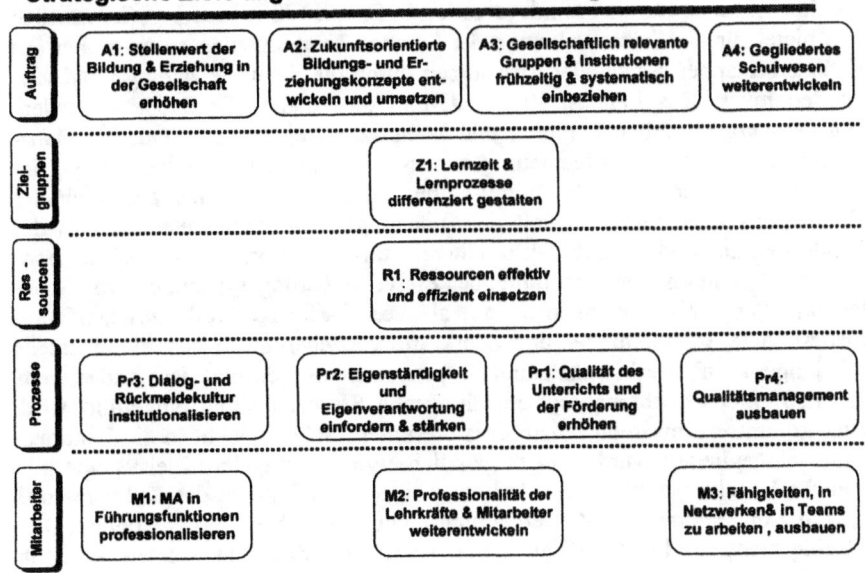

Der Prozess der Implementierung ist noch nicht abgeschlossen und ist in unterschiedlichem Reifegrad umgesetzt oder erprobt. Dieser zentral gesteuerte Ansatz beruht letztlich auf einem betriebswirtschaftlich ausgerichteten Qualitätsmanagementsystem und geht davon aus, dass das Zielsystem in der Linie bis in die Schulen hinein implementiert wird. Die gesamte Verwaltung arbeitet mit dem betriebswirtschaftlich ausgerichteten System und befindet sich derzeit in der Phase, dass noch zwei Systeme nebeneinander existieren, was durch die zwangsläufig auftretenden Ungereimtheiten z. T. erhebliche Widerstände auslöst. Es ist, als müsste man zeitgleich mit zwei verschiedenen Autos fahren. Für die Betroffenen jedenfalls ist spürbar, dass zwei verschiedene Systeme, z. B. durch unterschiedliche Dokumentationsweisen, bedient werden müssen. Eine Verwaltungsstrukturreform hat zudem in Baden-Württemberg die eher pädagogisch ausgerichtete Schulverwaltung an die eher rational-technokratische Innenverwaltung mit ihrer tendenziell „linearen Hierarchie" (Rolff/Schmidt 2002, S. 15) angebunden.

Der seit ca. zwei Jahren ablaufende Eingliederungsprozess zeigt zunehmend, gerade bei der Implementierung von betriebswirtschaftlich ausgerichtetem Qualitätsmanagement in das Schulsystem, wie sehr sich die neue Kultur der Administration von derjenigen der Einzelschule unterscheidet. Schulverwaltung muss aber von der Einzelschule her denken, wenn ihr eigenes Handeln effektiv sein soll, wenn sie also das Richtige tun will. Kompliziert wird hier die Sache auch noch durch den ebenfalls zentral vorgenommenen Steuerungsprozess der Fremdevaluation, der aber nicht bei der Schulverwaltung angesiedelt ist, sondern beim unabhängigen Landesinstitut für Schulentwicklung (LS). Das Landesinstitut ist für die Fremdevaluation in Baden-Württemberg verantwortlich und bietet für die Selbstevaluation der Schulen Unterstützung an, was aber aus Gründen knapper personeller Ressourcen durch die Schulverwaltung umgesetzt werden muss. Das Landesinstitut hat, und dies macht die Sache in Baden-Württemberg erheblich komplex und kompliziert, ein anderes Qualitätsmanagementkonzept als die allgemeine Landesverwaltung. Die Schulverwaltung innerhalb der Landesverwaltung muss ihr betriebswirtschaftlich ausgerichtetes Qualitätsmanagementsystem mit dem pädagogisch ausgerichteten System des Landesinstituts und der Schulen in Übereinstimmung bringen. Als Brücke bzw. „Adapter" dient ein neu einzuführendes Zielvereinbarungssystem, das von Schulen und Personalvertretungen derzeit als verschärfte Kontrolle gesehen wird. Insbesondere Schulleitungen und Lehrkräfte verstehen nicht, dass sie einerseits seit langem auf ihre Eigenständigkeit verwiesen werden und dass andererseits mit dem Zielvereinbarungssystem eine neue Steuerungslinie eingeführt wird. Hier kommt erschwerend hinzu, dass die untere Schulaufsicht in die Landratsämter eingegliedert wurde, wo es gänzlich eigene und andere Zielsysteme gibt und die Landkreise zu einer Beteiligung an dem Zielsystem des Kultusressorts bzw. der allgemeinen Landesverwaltung nicht verpflichtet werden können. Dies ist eine nicht nur für das Kultusressort schwierige Situation, sondern auch für die Schulen selbst. Für sie entsteht der Eindruck eines gewaltigen Überbaus, der sich mit seinen verschiedene Ebenen, Zuständigkeiten, Institutionen und vielen kleinen Handlungseinheiten als äußerst verwirrend und unübersichtlich, aber auch fast erdrückend darstellt und im Widerspruch zu stehen scheint zur proklamierten erweiterten Eigenständigkeit der einzelnen Schule. Auch hier gilt: Wenn dieses zentral gesteuerte System nicht im Klassenzimmer ankommt, ist es für die Schulen am Ende kein Gewinn, sondern eine zusätzliche Belastung.

Baden-Württemberg ist derzeit das einzige Bundesland, das seine Schulverwaltung auf diese Art verändert. Bei gleichzeitiger Einführung von Qualitätsmanagement und Selbst- wie Fremdevaluation werden nicht wie in anderen Bundesländern die Zahl der Zuständigkeiten und Handlungseinheiten verringert, sondern ausgeweitet. Das hat zur Folge, dass die Einheiten nahezu überall personell unterbesetzt sind und effizientes Arbeiten kaum mehr möglich ist. Es bleibt zu hoffen, dass durch die Vorgehensweise in Baden-Württemberg die Qualität der Schulen bei zukünftigen internationalen Vergleichsstudien nicht stagniert oder zurückfällt, weil die Steuerung des Gesamtsystems sich zu wenig an den Bedürfnissen und Realitäten der Einzelschulen ausrichtet.

Qualitätsmanagement im Schulwesen muss sich daran messen lassen, welchen Mehrwert die zentralen Vorgaben für die internen Qualitätsmanagementprozesse der Einzelschulen haben. „Es geht weniger um die Ausübung von Macht als vielmehr um eine dienende Unterstützung mit dem Ziel, die Schule erfolgreich" werden zu lassen (Ruep/Keller 2004, S. 25). Andreas Schleicher drückte es anlässlich seiner Dankesrede zur Verleihung des 38. Theodor-Heuss-Preises in Stuttgart 2003 so aus: „Traditionell sind Lehrer und Schulen die letzte ausführende Instanz eines komplexen Verwaltungsapparates. In Zukunft wird sich die Relevanz und Effizienz dieses Verwaltungsapparates, ob Kommunen, Länder oder Bund, daran messen müssen, wie gut sie Schulen unterstützen und welchen zusätzlichen Wert sie selber schöpfen, d.h., was sie über das hinaus leisten, was die Schule als selbstständige und pädagogisch verantwortliche Einheit leisten kann" (Schleicher 2003). Dieser Denkansatz unterstützt den in unserer Demokratie verankerten Grundgedanken der Subsidiarität. Die Verantwortung soll möglichst unmittelbar dort angesiedelt sein, wo die Dinge getan werden. Nur was dort im Sinne von Effektivität und Effizienz nicht geleistet werden kann, sollte eine jeweils übergeordnete Einheit tun. Die Verantwortung für den Unterricht kann demzufolge nur die einzelne Lehrperson übernehmen. Sie muss dafür auch Rechenschaft ablegen. Freiheit und Verantwortung gehören gerade im Klassenzimmer unabdingbar zusammen. Das gilt auch für die gesamte Arbeit, die eine einzelne Schule leistet, wofür die Schulleiterinnen und Schulleiter Verantwortung tragen.

Das alles ist in einem traditionell nach Vorgaben ausgerichteten Staats- und Administrationskonzept nicht leicht umzusetzen, weil es immer auch um Machterhalt gehen wird. Studien belegen, dass „Arbeitsorganisationen im deutschen öffentlichen Sektor...nach wie vor durch ein hohes Maß horizontaler Abschottung und vertikaler Hierarchie bestimmt [ist], was der Nutzung von Qualifizierung und dem Lernen in der Arbeit deutliche Grenzen setzt" (Naschold

1997, S. 35). Vor diesem Hintergrund könnten es gerade die Schulen mit ihrer eigenen, Kommunikationsstruktur sein, die durch die Chance eigen verantworteten Qualitätsmanagements mittels Selbstevaluation zeigen können, wie eine Entwicklung hin zur Ergebnissteuerung gelingen kann. Allerdings muss das auch erst als Lernchance gesehen werden können. Das wiederum hängt von der Input-Qualität ab und von den tatsächlichen Freiräumen, die man über die Standard-Test-Prüfungsverfahren und mögliche zentral gesteuerte Zielvereinbarungssysteme hinaus den Schulen zugestehen wird. Das Gelingen hängt auch von der Professionalität der Lehrenden und von ihrem Berufsverständnis ab. Es geht nicht zuletzt um Vertrauen in die Schulen einerseits und umgekehrt andererseits auch um das Vertrauen in den Staat und seine Institutionen.

3. Notwendigkeit von Schulevaluation

3.1 Schule in einer globalisierten Bildungsgesellschaft

Schule ist ein Ort der Muße.

Von lat: scola

Der Begriff Schule bedeutet ursprünglich ‚Ort der Muße' (Pieper 2005). Das Wort Disziplin hat seine Wurzeln im klassischen Wort für ‚Schüler'. Schule als Ort der Muße also, in dem mit Disziplin gearbeitet wird? Ein Ort, der außerhalb des wirklichen Lebens angesiedelt ist und der Zeit und Raum bietet, zu lernen, zu reflektieren, zu üben, alle Kräfte auszuprobieren, mit anderen zusammen, gestaltet durch die Autorität von Lehrpersonen, frei vom Ernst des realen Lebens. Prinzipiell hat sich daran nie etwas geändert. Lediglich die veränderten Kontexte zwingen jede Generation neu, darüber nachzudenken, was Schule in der jeweiligen Gesellschaft sein soll und der Schleiermacher'schen Frage nachzuspüren: Was wollen die Alten mit den Jungen? (Münchmeier 2004).

Heute gewinnt man den Eindruck, dass sowohl der Ort der Muße als auch die Disziplin der Lernenden weitgehend verloren gegangen ist. Schule ist nicht selten geprägt von hektischen Phasen im Schuljahresverlauf, von Zeitdruck, von Überladung durch diverse, z.T. sich widersprechende Erwartungen. Zu viel des Guten kann leicht in Aktionismus ausarten, der mit Muße wenig zu tun. Die Streitschrift „Lob der Disziplin" von Bernhard Bueb reflektiert die Disziplin als notwendige Grundbedingung für gelingende Erziehung in Elternhaus und Schule (Bueb 2006). Hier wird kritisiert, dass die „vorbehaltlose Anerkennung von Autorität und Disziplin" (ebd., S. 11) als Fundament für Erziehung weggebrochen sei. „Wer heute als Erzieher tätig wird, kann einer erziehungsfeindlichen Umwelt, geprägt von einem aggressiven Materialismus, wenig entgegensetzen" (ebd.). Bueb redet dem „Mut zur Erziehung" das Wort, der Notwendigkeit von Wertorientierung und einem Menschenbild als Leitidee. Hier sind zuvörderst die Eltern angesprochen, die durch ihre Erziehung wichtige Voraussetzungen für erfolgreiche Schule schaffen.

Schule heute ist angekommen in einer Welt, zu deren Verständnis wir viele Schlagworte kennen wie z.B. Globalisierung, Internationalisierung, Ökonomisierung, Informations-, Wissensgesellschaft, Lern- bzw. Bildungsgesellschaft, Wissensexplosion, Flexibilität, Mobilität, Individualisierung oder Vernetzung. Dazu gehören auch Begriffe wie Klimawandel, Artensterben, Energiekrise, Naturkatastrophen, internationaler Terror, internationale Wirtschaftskriminalität, Aids, Unterdrückung oder Ausbeutung.

Der Bildungsbericht der Bundesrepublik Deutschland 2006 weist für Deutschland auf folgende bestimmende veränderte Rahmenbedingungen hin:

- Demographische Entwicklung: Seit 1997 gibt es in Deutschland mehr ältere als jüngere Einwohner und „Deutschland gehört zu den „am schnellsten alternden Gesellschaften der Welt" (Konsortium Bildungsberichterstattung 2006, S. 6).
- Wirtschaftliche Entwicklung: Für Deutschland ist ein zurückgehendes Wirtschaftswachstum, insbesondere der Rückgang der Wachstumsrate des Bruttoinlandsprodukts zu verzeichnen. Innerhalb Deutschlands besteht ein signifikantes Ost-West-Gefälle zuungunsten des Ostens. Wirtschaftliche Gewinne ermöglichen Bildung; Bildung wiederum hat Einfluss auf wirtschaftliches Wachstum. Nicht zuletzt deshalb ist es wichtig, dass die Ressourcen, die in das Bildungswesen fließen, in ihrer Wirksamkeit überprüft werden, weil Nichtwirksamkeit und Ineffizienz Verschwendung bedeuten (ebd., S. 8 ff.).
- Finanzsituation der öffentlichen Haushalte, insbesondere das Wachstum der Ausgaben für soziale Sicherung, die Notwendigkeit höherer Bildungsausgaben und die gleichzeitige Verschuldung der Haushalte mit erheblichem Gefälle zwischen den Bundesländern. (ebd., S. 10 ff.; Ehmann 2003; Klös/Weiß 2003).
- Internationalisierungs- und Globalisierungstendenzen, insbesondere die Globalisierung der Arbeitsmärkte und veränderte Kompetenzprofile durch internationale Kooperationsbeziehungen. (ebd., S. 12 ff.).
- Strukturwandel für Dienstleistungs- und Wissensgesellschaft (,Tertiarisierung') mit einem Anstieg der Beschäftigung im Dienstleistungssektor und neuen Tätigkeits- und Kompetenzprofilen sowie der Dezentralisierung, Selbstverantwortung und Vernetzung in der Arbeit (ebd., S. 14 ff.).
- Veränderte Familien- und andere Lebensformen: Hier ist eine größere Pluralität von Lebensformen zu verzeichnen bei gleichzeitiger sinkender Stabilität der Familie. Die Frauenerwerbstätigkeit steigt stetig an (ebd., S. 16 ff.).

Die mit diesen Entwicklungen verbundene Komplexität ist für den Menschen, der nach Komplexitätsreduktion strebt und dessen Gehirn auf Routinenbildung aus ist, nur schwer auszuhalten. Er wird über Kanäle aller Art mit Bildern gefüttert und lernt eher als Lesen und Schreiben, die Knöpfe der ihn umgebenden technischen Geräte zu bedienen. Die Unterschiede zwischen den Nationen und Gesellschaften und innerhalb der Gesellschaften zwischen den Gruppen verstärken sich, obwohl man annehmen sollte, dass durch die Internationalisierung und durch die Informationsmöglichkeiten Angleichungen die Folge sind. Ökonomisch betrachtet werden die Reichen reicher, die Armen bleiben eher arm, andere geraten in Armut. In Deutschland sind insbesondere und neuerdings in erschreckendem Ausmaß Kinder von Armut betroffen. In den westlichen Gesellschaften sind die auf individuelles persönliches Wohlergehen ausgerichteten Werte wichtiger geworden als diejenigen, die z. B. auf Solidarität oder persönlichen Verzicht hin zielen.

Die im Bildungsbericht festgestellten veränderten Rahmenbedingungen hängen eng miteinander zusammen und haben erheblichen Einfluss auf den Bildungssektor, wie umgekehrt Bildung auf alles andere rückwirkt bzw. Veränderungen ermöglicht und bestimmt. Die demographische Entwicklung in Deutschland zeigt unser Verhältnis zu Kindern auf und wird den Generationenvertrag nachhaltig verändern müssen. Der Wachstumstreiber Bildung steht mit der wirtschaftlichen Entwicklung in engem Zusammenhang. Bei zurückgehender Kinderzahl und somit zurückgehendem Arbeitskräfteangebot werden wir in absehbarer Zeit erhebliche Auswirkungen auf die Wirtschaftsstruktur Deutschlands erleben. Die Auswirkungen auf die öffentlichen Haushalte lassen sich erahnen. Betrachtet man heute Länder wie China und Indien und deren Wirtschaftswachstum sowie die Bevölkerungszahlen, ist ein Szenario hinsichtlich Europas und Deutschlands vorstellbar, das diese Teile der Welt bei Vergleichsstudien aller Art weit nach hinten zurückfallen sieht.

Bildung ist und bleibt der Schlüssel für eine lebenswerte Zukunft; das gilt je individuell wie national. Deshalb kommt den Schulen in einer globalisierten Welt eine außerordentlich große Bedeutung zu. Nicht zuletzt deshalb sehen Schulen sich unterschiedlichsten Erwartungen ausgesetzt. Alle aus den diversen Ist-Analysen abgeleiteten Herausforderungen und Defizite sollen in den Schulen aufgegriffen werden. Die Schule soll den hochkompetenten, flexiblen, kommunikativen zukünftigen Mitarbeiter produzieren, aber auch den friedfertigen, engagierten, solidarischen Mitbürger, den Familienmenschen, der sich darauf freut, selbst Kinder zu haben, nicht zuletzt den Weltbürger, der sich als Mitmensch interkulturell bewegt.

Schule ist innerhalb ihres Kommunikationssystems mit Blick auf den erhofften Bildungsprozess bei ihren Schülerinnen und Schülern zunächst nicht auf die Welt, sondern auf die jungen Menschen fokussiert, muss das auch sein. Es geht dort natürlich immer auch darum, die Kinder und Jugendlichen auf diese Welt vorzubereiten, dasjenige Wissen und Können zu generieren, das für die Existenz in der realen Welt notwendig und bedeutsam ist. Es geht aber immer auch um mehr als das, nämlich um personale Bildung, die nicht nur Zwecken unterworfen werden, sondern die auch zweckfrei sein muss. Ebenso geht es in der Schule auch um das Einüben des Zusammenlebens mit anderen, um das Miteinander lernen, das Einander helfen, um Werte wie Rücksicht, friedliches Konfliktlösen, das Zusammenleben mit Menschen anderer Kulturen und um Toleranz anderen gegenüber. Es geht beim Bildungsprozess im Zuge der Wissensgenerierung und des Kompetenzaufbaus in einer Informations- und Wissensgesellschaft im Kontext der erlebten Komplexität um Konzentration, um Differenzierungs- und vor allem um Kritik- und Entscheidungsfähigkeit. Nicht zuletzt muss es Schule immer auch darum gehen, Kritikfähigkeit aufzubauen auch gegenüber den unzureichenden, defizitären Realitäten bzw. um das differenzierte Erkennen dessen, was zu tun notwendig ist. Realitäten müssen zunächst erkannt werden, bevor sie differenziert und kritisch beleuchtet werden können. Die Kritikfähigkeit ist nicht nur das Ergebnis eines Erkenntnisprozesses, sondern muss auch in einem erworbenen Wertesystem wurzeln. Beide zusammen, der Erkenntnisprozess und die differenzierte an Werten orientierte kritische Analyse, ermöglichen erst eine Handlung, die gegebenenfalls das Bestehende verändert. Ein Bildungsprozess muss letztendlich vor allem handlungsfähig machen. Handlungsfähigkeit bedeutet dann, nicht nur konform das Bestehende zu bewahren, auch wenn es als defizitär erlebt und erkannt wird, sondern vielmehr gehören dazu Kreativität, Innovationsbereitschaft und die Fähigkeit zu Optimismus, Initiative und stetiger Anstrengung. Beim Lernen heute genügt es nicht, einen bestehenden, relativ fest gefügten Wissenskanon zu erwerben. Vielmehr muss das Lernen selbst als strategische Kompetenz erlernt werden, damit notwendiges Wissen in zukünftigen Kontexten schnell erworben werden kann und Innovationen und Optimierungen aktiv gestaltet werden können. Zum Bildungsprozess in einer globalisierten Welt gehört m. E. wesentlich ein vertieftes Wissen um die eigene Kultur und um das Erlernen demokratischer Verhaltens- und Verfahrensweisen. Sprache, Entscheidungsfähigkeit, Konfliktlösekompetenz, Kompromiss- und Konsensfähigkeit gehören ebenso dazu wie die Fähigkeit interkulturellen Zusammenlebens innerhalb zunehmend heterogener Nationen und Arbeitssituationen. Nicht zuletzt geht es um Gestaltungskompetenz.

3.2 Qualität und Schule

„Der beste Weg, um zu einer großen Vollkommenheit zu gelangen, ist fast immer der, sich in kleinen Dingen alle Mühe zu geben."

Maria Ward

Wenn wir von Qualität und Schule reden, ist zum ersten die Unterscheidung zwischen der Qualität des Schulwesens und der Qualität der Einzelschule notwendig. Während der öffentliche Sektor die Verantwortung für die Qualität des Ganzen trägt, liegt die Verantwortung für die Qualität der Einzelschule bei der Schule selbst. Beide Betrachtungsweisen treffen aber noch nicht ins Zentrum der Schule, nämlich ins Klassenzimmer, in dem andere Gesetzmäßigkeiten gelten als im verwaltungstechnisch orientierten Gesamtsystem bzw. im Kommunikationssystem der Einzelschule außerhalb der Klassenzimmer. Man könnte nun einfach sagen, die Schulqualität entsteht aus der Summe der Unterrichtsqualität aller einzelnen Lehrkräfte und die Qualität des gesamten Schulwesens einer Gesellschaft besteht aus der Summe der Qualitäten der einzelnen Schulen. So einfach ist es nicht, wie die Ausführungen der vorhergehenden Kapitel zeigen. Hier steckt das Kernproblem, von dessen Lösung gelingendes Qualitätsmanagement und gelingende Schulevaluation abhängen. Zum zweiten: Wer von Qualität und Schule redet, muss einerseits die Qualität definieren, andererseits die angestrebte Qualität zielgerichtet steuern. Wir müssen nun konstatieren, dass es zwei verschiedene Qualitätsmanagementkonzepte gibt, das staatliche zentrale Steuerungskonzept der allgemeinen Verwaltung und das Konzept für die einzelnen Schulen, das im Kontext von Selbst- und Fremdevaluation zu sehen ist. Das ist die zweite Herausforderung, die einer Lösung zuzuführen ist, indem die zentrale Steuerung quasi vom Ende her denkt und das gewählte Qualitätsmanagementkonzept vom Bedarf der Einzelschule her entwickelt. Letzteres geschieht derzeit im öffentlichen Sektor nicht oder nur in Ansätzen dort, wo partizipative Vorgehensweisen gewählt werden.

> Folgende Fragen sind also zu reflektieren:
> Welches zentral gesteuerte Qualitätsmanagementsystem ist für die Schule zu entwickeln, so dass der Kernbereich von Schule, der Unterricht, auch realiter weiterentwickelt und optimiert werden kann?
> Wie kann es gelingen, dass Lehrerinnen und Lehrer die Verantwortung für die Qualität des Unterrichts übernehmen, indem sie Evaluationsinstrumente einsetzen und damit professionell umgehen?
> Wie kann trotz zentraler Steuerung die Eigenverantwortung deutlich gestärkt werden?

Qualitätsmanagement mit Schule, also mit Bildungs-, Erziehungs- und Lernprozessen, in Zusammenhang zu bringen und mit einem Managementkonzept eben jene Prozesse steuern zu wollen, ist deshalb so schwierig, weil es hier keine im Vorhinein zu definierenden Produkte gibt. Bestenfalls lassen sich zu erreichende Lernstände oder Kompetenzen als Produkte formulieren. Erziehung und Bildung haben zudem normativen Charakter. Angestrebte für die Zukunft bedeutsame Ziele können nicht einfach aus einer Gegenwartsanalyse heraus abgeleitet werden. Die Beschaffenheit anderer Produkte lassen sich bereits im Vorhinein mit konkreten Gütemaßstäben, Kriterien und Indikatoren versehen. Bildung und Erziehung sind dagegen Prozesse und Produkte, von denen wir heute nicht wissen, wie sie in der ungewissen Zukunft aussehen müssen, damit die davon Betroffenen ihre zu erwartenden Lebenssituationen erfolgreich bewältigen und gestalten können. Hinzu kommt, dass die betroffenen ‚Lernsubjekte' Koproduzenten des Produkts Bildung sind. Ob das Produkt im Ergebnis gut ist, hängt von einer Faktorenvielfalt ab, die nicht linear zu steuern ist und deren Messung deshalb auch immer eine gewisse Unschärfe enthält, da man die Wirksamkeit einzelner Faktoren nicht eindeutig bestimmen kann, weil sie von möglichen anderen Faktoren mitbestimmt und beeinflusst werden, die nicht in jedem Fall bekannt sind. Wir haben es hier mit Produkten zu tun, die zugleich mit ihrer konkreten Performanz im Jetzt ein tragfähiges Entwicklungs- und Veränderungspotential für die Zukunft haben müssen. Wenn also z.B. die Schülerinnen und Schüler gute Ergebnisse in einer Vergleichsarbeit haben, müssen das hier abgeforderte Wissen oder die gewählte Methode einen zukunftsorientierten Bildungswert haben. Ob tatsächlich durch solche Prüfungen Kompetenzen erfasst werden können, hängt von der Aufgabenstellung ab. Die Tendenz ist bei Prüfungen eher die, dass das abgeprüft wird, was leicht getestet werden kann.

Die eigenständige Schule wird in jedem Fall die Fragen reflektieren müssen, was Qualität ist, was gute Schule und guter Unterricht ist, welche Kriterien dafür gelten sollen und aufgrund welcher Indikatoren die erzielte Qualität feststellbar ist. Ebenso muss reflektiert werden, mit welchen Instrumenten die Qualität von Schule und Unterricht gemessen und bewertet werden soll.

Betrachtet man den Bildungsbericht 2006 (Konsortium Bildungsberichterstattung 2006), wird deutlich, welche Qualitätsmaßstäbe hier leitend sind: Bildungsausgaben, Bildungsbeteiligung oder der Bildungsstand der Bevölkerung werden ebenso genannt wie z. B. Platzangebote für Kindertageseinrichtungen oder Übergänge im Schulwesen, Klassenwiederholungen, Computernutzung, Informelles Lernen, kognitive Kompetenzen, Arbeitsmarkterträge beruflicher Weiterbildung oder die Wirkungen von Bildung auf Erwerbstätigkeit, Einkommen oder Lebensführung. Aus den Ausführungen der genannten Bereiche lässt sich als Gütemaßstab ableiten, dass es nicht zuletzt darum gehen muss, mit einem möglichst effizienten Ressourceneinsatz einen hohen Bildungsstand der Gesamtbevölkerung zu erreichen, der sich in Wirtschaftswachstum transformieren lässt. Damit wird Bildung in einen ökonomisch ausgerichteten Gesamtzusammenhang gestellt. Dies ist zunächst legitim, weil für das Bildungswesen öffentliche Gelder eingesetzt werden, über die eine Rechenschaftslegung angemessen und notwendig ist. Außerdem ist es legitim für die betroffenen Kinder und Jugendlichen, weil sie sich nur dann in der Gesellschaft entfalten können, wenn sie ökonomisch abgesichert sind. Allerdings darf der ökonomische Aspekt nicht der allein gültige Maßstab für Bildung und Erziehung sein.

Deshalb muss es gerade die einzelne Schule sein, die Qualität pädagogisch definiert und die sich am einzelnen Kinde oder Jugendlichen und dessen jeweiliger Lern- und Entwicklungsmöglichkeit orientiert. Schulen müssen prinzipiell ein Klima des Förderns ausprägen. Das gegliederte Schulsystem erzeugt durch die vorgegebene Struktur Selektionsmechanismen auch dann, wenn bei einer fördernden Grundhaltung die Selektion in eine andere Schulart vermieden werden könnte. Das jedenfalls ist eine Kernaussage der ersten PISA-Studie, die zum Vorschein bringt, dass in jeder Schulart Schülerinnen und Schüler zu finden sind, die bei anderen sozialen Voraussetzungen die jeweils andere Schulart ebenso gut besuchen könnten. Die psychologischen Auswirkungen auf Kinder und Jugendliche in den weniger angesehenen Schularten und die damit verbundene soziale Abgrenzung wären, wenn wir von Qualität und Schule sprechen, gründlich zu reflektieren. Ein Qualitätsbewusstsein, das vom pädagogischen Qualitätsbegriff, also vom Kind und dessen Potentialen, ausgeht, dürfte eigentlich den Zusammenschluss von sozial benachteiligten Kindern in ebenso sozial benachteiligten Schularten nicht zulassen. Dies entspricht eher einer ständisch ausgerichteten Gesellschaft als einer Gesellschaft in einer globalisierten, vernetzten Welt, in der es zukünftig vor allem darauf ankommen wird, mit anderen gut zu kommunizieren. Wenn wir bereits durch die Selektion in verschiedene Schularten Grenzziehungen vornehmen, kann genau dies nicht gelernt werden. Gerade Schule aber wäre hierfür der natürlich gegebene Lernort. Es ist ein großes Problem, von Schulqualität zu reden und dabei prinzipielle Fragen tendenziell ideologisch begründet auszuklammern bzw. in Deutschland in den jeweiligen Bundesländern damit ganz unterschiedlich umzugehen. Persönlich bin ich davon überzeugt, dass diese Denk- und Vorgehensweise auf Dauer die Qualität von Schule und Bildungssystem im internationalen Vergleich weiter vermindern wird. Dabei läge eine besondere Verantwortung in den bildungsnahen Schularten mit auch international vergleichbaren Ergebnissen. Deren Abgrenzung gegen andere ist gegenläufig zu allen uns verfügbaren empirischen Erkenntnissen.

Hartmut von Hentig (von Hentig 1996 und 2001) schlägt „sechs Maßstäbe" für erfolgreiche Bildungsprozesse vor,
- die Abscheu und Abwehr von Unmenschlichkeit
- die Wahrnehmung von Glück
- die Fähigkeit und der Wille, sich zu verständigen
- ein Bewusstsein von der Geschichtlichkeit der eigenen Existenz
- die Wachheit für letzte Fragen
- die Bereitschaft zur Selbstverantwortung und Verantwortung in der respublica.

Nach von Hentig haben alle Konkretisierungen in Form von standardisierten Kompetenzlehrplänen sich danach zu richten bzw. müssen diesen Maßstäben standhalten. Dieser Ansatz ist z.B. in den baden-württembergischen Bildungsplänen enthalten, die mit einem Vorwort von Hartmut von Hentig versehen sind. Mit diesem Konzept hat Baden-Württemberg den Schulen nicht nur einfach Kompetenzlehrpläne vorgegeben, sondern eine am Individuum ausgerichtete originär pädagogische Bildungsidee, die, so von Hentig, gerade nicht nur „Schulbildung" sein darf. An den o. g. Maßstäben muss Bildung sich bewähren, „gleich in welchem Verständnis und auf welche Art man sie erstrebt…Mit meinen - nennen wir sie 'Bildungskriterien' - will ich sagen: Was auch immer den Menschen bildet - verändert, formt, stärkt, aufklärt, bewegt -, ich werde es daran messen, ob dies eintritt" (von Hentig 1996, S. 73).

Betrachten wir die von Hentig'schen Maßstäbe, wird schnell deutlich, dass sie nicht ohne weiteres quantitativ messbar sind und dass die Tatsache, dass sie vorhanden sind, für die Schulen die Sache nicht einfacher macht. Zugleich ist es hilfreich und notwendig, gerade standardisierten Bildungsplänen eine Bildungsidee als Maßstab zu Grunde zu legen, weil dadurch sowohl beim zentral gesteuerten Qualitätsmanagementansatz wie auch beim schulinternen Qualitätsmanagement eine Wertorientierung mitgegeben ist, die fordernden Charakter hat und die bestimmte Verfahrens- und Verhaltensweisen ausschließt und ausschließen muss, andere unabdingbar macht. Allerdings müssen alle Aktivitäten in Verbindung mit Qualitätsmanagement und Evaluation die Kompatibilität zentraler Vorgaben, schulischer und unterrichtlicher Maßnahmen und der zugrunde liegenden Wertorientierung bzw. Bildungsidee stetig reflektieren und auf ihre Stimmigkeit hin überprüfen.

Die Auseinandersetzung mit Qualität und Schule erfordert die Reflexion der Steuerung und des jeweiligen Qualitätsmanagementkonzepts, dessen Bezugsgröße, die jeweilige Verantwortlichkeit und das zu erwartende „Produkt":

	Gesamtsytem	Einzelschule	Klassenzimmer
Steuerung	Zentral / Top-down	Schulintern / Bottom-up-Schulentwicklungsprozesse	Steuerung der je individuellen Lernprozesse
Bezug	Qualität des gesamten Bildungswesens	Qualität der Einzelschule	Unterrichtsqualität
Qualitätsmanagementkonzept	Betriebswirtschaftlich ausgerichtetes, administrativ technokratisches Qualitätsmanagement, z.B. TQM oder NSI	Pädagogisches Qualitätsmanagement, z.B. PQM oder Q2E	Aktionsforschung oder diverse Evaluationsmethoden, an Evaluationsstandards ausgerichtet
Verantwortung	Politik / Administration	Schulleitung	Lehrende (und Lernende)
Produkt	Ein gutes Schulsystem	Eine gute Schule	Eine gute je individuelle Bildung

Angestrebt werden muss ein pädagogisch ausgerichtetes Qualitätsmanagementkonzept, das von der Situation im Klassenzimmer her gedacht und entwickelt wird und das die bisher bestehenden Differenzen deutlich vermindert. Im Zentrum der Überlegungen müssen dabei die Lehrperson und das spezifische Interaktionssystem der Lehr-Lern-Situation stehen. Das Leitprinzip muss dabei ein pädagogischer Qualitätsbegriff sein, der den Lernerfolg und die persönliche Entwicklung der Schülerinnen in den Mittelpunkt aller Überlegungen stellt.

Meines Erachtens muss die Arbeits- und Lernkultur im Klassenzimmer im Zentrum aller Überlegungen stehen, wenn gute Schule erzielt werden soll. Es wäre reizvoll zu überprüfen, welche Ergebnisse hinsichtlich guter Schule zu erzielen sind, wenn man alle anderen Bereiche vernachlässigt, diesen Bereich vorrangig in den Blick nimmt und dort hinein alle Ressourcen bündelt. In den pädagogisch ausgerichteten Qualitätsmanagementkonzepten ist der Unterricht in allen Qualitätstableaus als einer neben anderen zu finden, so z.B. im Q2E-Konzept als „Unterricht" und „Lehr- und Lernarrangement", in Niedersachsen als „Lernkultur – Qualität der Lehr- und Lernprozesse" in Verbindung mit „Lehrerprofessionaliät" (Kempfert/Rolff 2005, S. 12 ff.), in Baden-Württemberg als „Unterrichtsergebnisse und Unterrichtsprozesse" (Teichmann 2005, S. 13). Meines Erachtens würde es bei der Implementierung von Qualitätsmanagementkonzepten für den Anfang genügen, beim Unterricht anzusetzen und alles zu tun, um die Lehrkräfte hierfür sehr gut zu qualifizieren, um die dafür notwendige Infrastruktur zu schaffen und hier die knappen Ressourcen zu konzentrieren.

Es bedarf eines integrierten Qualitätsmanagements, in dem die zentrale Steuerung mit der schulinternen Steuerung so zusammengeführt werden, dass sie auf das hinzielen und vor allem dem dienen, was im Klassenzimmer geschieht. Sind Lehrkräfte mit den Folgen des Inputs, also mit zentraler oder schulinterner Steuerung so belastet, dass darüber hinaus das eigene systematische Vorgehen behindert wird, bleibt am Ende lediglich die Fokussierung auf Vergleichsarbeiten und zentrale Prüfungen. Derzeit dominiert in Deutschland, so Kempfert/Rolff (2005, S. 29), „die Administration und [es] tritt eine Rezentralisierung ein, bevor die Dezentralisierung überhaupt wirklich begonnen hat".

Demgegenüber zeigen Studien aus den USA (Guskey 2003, S. 7), dass diejenigen Lernerfolgsfeststellungen die besten Verbesserungen erzielen, die Lehrkräfte in ihrem Unterricht unmittelbar anwenden, die somit in ihren Unterricht integriert sind und aus denen die eigene Unterrichtsentwicklung hervorgeht. Ein Modell, das in Kanada die Schulen insgesamt erheblich verbessert hat, ist das Konzept des ‚Kooperativen Lernens', das ebenfalls unmittelbar auf Klassenzimmerebene angewendet wird (Green 2005 und 2006). Das gilt auch für das Konzept Lernen durch Lehren (LdL) des Eichstätter Didaktikers Jean-Pol Martin (Martin 1994) oder für den Ansatz des „Wechselseitigen Lehrens und Lernens" (WELL) von Diethelm Wahl, der damit in der Lehrerausbildung in Baden-Württemberg erfolgreich arbeitet.

Zusammenfassend lässt sich sagen:
- Es ist notwendig für eine Gesellschaft, dass sie eine gute Qualität für ihr Schulwesen anstrebt. Deshalb ist integriertes Qualitätsmanagement notwendig, bei dem zentrale und dezentrale Steuerung zusammengeführt werden.
- Schulqualität ist ausgerichtet an den Lernenden und deren Entwicklungen, sowohl was ihre Kompetenzen als auch was ihre jeweilige Persönlichkeit betrifft.
- Die Reflexion über Qualität anhand vorgegebener Qualitätsbereiche wird Teil schulischer Arbeit werden müssen. Dabei ist das Verständnis von Schule als Lernender Organisation hilfreich, wobei Optimierungsprozesse auf der

Grundlage geregelter Kommunikation vereinbart und gestaltet werden. Partizipation und Dialog sind der Lernenden Organisation immanent.
- Der Ort, an dem in der Schule Qualität entsteht, ist das Klassenzimmer. Darauf muss jedes Qualitätsmanagementkonzept ausgerichtet sein. Darauf muss auch jeglicher Schulentwicklungsprozess der Schule als Ganzes abzielen.
- Dabei sind in der Konsequenz die Lehrerinnen und Lehrer die wichtigsten Akteure. Ihre Aus- und Weiterbildung muss alles umfassen, was sie an Kompetenzen auch für Qualitätsmaßnahmen benötigen.
- Lehrerinnen und Lehrer brauchen in erster Linie ein Qualitätsmanagementkonzept für ihre Arbeit mit Schülerinnen und Schülern. Darunter ist die gezielte, systematische Entwicklungsarbeit im Klassenzimmer zu verstehen, die auf empirischen Daten beruht und ihrerseits an Qualitätsstandards orientierte Methoden anwendet. Die Orientierung an gesicherten Daten ist im Sinne der ‚empirischen Wende' dabei ebenso notwendig wie die Reflexion der zugrunde liegenden Normen und Werte.

Im schwedischen Bildungsplan findet sich ein bemerkenswertes Vorwort, in dem alles zusammengefasst ist, was der Reflexion über Schulqualität zugrunde liegen sollte:

„Wir sind überzeugt, dass die Kinder von heute – die Erwachsenen der Zukunft – auf solche Verhaltensweisen der Erwachsenen treffen müssen, die ihnen die Möglichkeit bieten, ihre eigenen Kompetenzen und Fähigkeiten auszunutzen, um Erkenntnisse zu suchen und Probleme selbst zu lösen. Ein Verhalten, mit dem wir die Fragen und Überlegungen der Kinder ernst nehmen, mit dem wir auch ihre eigene Kreativität bestärken und ihre eigene Art, Probleme und Situationen, vor die sie gestellt werden, zu lösen. Als Pädagogen müssen wir hellhörig sein für jedes Kind, jedem Kind die Möglichkeit geben, seine Ideen und Gedanken einzubringen und im Dialog mit dem Kind eine mitforschende Haltung einnehmen. Das setzt auch voraus, dass Pädagogen die Arbeit dokumentieren, so dass das Kind und der Jugendliche seiner eigenen Entwicklung und seinem eigenen Lernen folgen und darüber reflektieren kann. Die Dokumentation ist das Werkzeug des Pädagogen, um die Entwicklung des Kindes und die eigene Arbeit zu reflektieren" (Berger/Berger 2004).

Die Qualität von Schule hängt von den Menschen, ihren Wertorientierungen und ihren Handlungen ab. Es geht um das Gestalten von Beziehungen zwischen Lehrenden und Lernenden, die miteinander arbeiten, so dass Lernen, Entfaltung und Entwicklung möglich werden. Dazu bedarf es einer Lehrerprofessionalität, die eine Vielzahl von Kompetenzen ebenso erfordert wie reife Persönlichkeiten, die für Schülerinnen und Schüler Führungskräfte und Dialogpartner sind.

Dass im schwedischen Bildungsplan auf die Dokumentation als „Werkzeug des Pädagogen" hingewiesen wird, zeigt auf, dass die Qualität der Arbeit nicht zuletzt von Evaluationsinstrumenten abhängt, die zuerst und zuvörderst im Klassenzimmer und in der Beziehung zwischen Lehrenden und Lernenden eingesetzt werden.

3.3 Gelingensfaktoren und mögliche Lösungswege

„Das Leben ist ein Chaos, ein Dickicht, ein Gewirr. Der Mensch verliert sich darin. Aber sein Geist reagiert auf dieses Gefühl des Untergangs, dieses Sich-Verirren. Er bemüht sich, im Dickicht ‚Pfade' zu finden, das heißt, klare, bestimmte Vorstellungen vom Universum, positive Überzeugungen vom Wesen der Dinge und der Welt. Diese Überzeugungen sind in ihrer Gesamtheit, in ihrem System Bildung im wahrsten Sinne des Wortes; alles Übrige ist nur schmückendes Beiwerk. Bildung ist das, was den Menschen vor dem Schiffbruch des Lebens rettet, was es ihm ermöglicht zu leben, ohne dass sein Leben zur sinnlosen Tragödie oder zur tiefsten Erniedrigung wird."

Ortega y Gasset

Bei Bildungs- und Erziehungsprozessen ist es die Gestaltung der Beziehungen zwischen den betroffenen Menschen der Dreh- und Angelpunkt für gelingendes Lernen innerhalb dieser Prozesse. Die Qualität der daraus abzuleitenden Lehr-Lern-Verhältnisse muss oder müsste somit der Ausgangspunkt und Ziel jeglichen Qualitätsmanagements sein. Wer immer hier Überlegungen anstellt und was immer an Konzepten entwickelt wird, muss den Menschen ins Zentrum seiner Überlegungen stellen. Für Bildung und Erziehung bzw. für das Schulsystem insgesamt, für die jeweilige Einzelschule und für das Geschehen im Klassenzimmer benötigt man am Menschen ausgerichtete Qualitätsmanagementkonzepte. Dabei geht es um Leitfragen wie z.B.:
- Welche biologischen Voraussetzungen bringen Menschen mit?
- Wie lernen Menschen? Was sind die Gelingensfaktoren für Lernprozesse?
- Welche Besonderheit hat das Beziehungsgefüge bei Lehr-Lernprozessen?
- Welche Voraussetzungen müssen bei Veränderungsprozessen beachtet werden, damit die Betroffenen dabei mitmachen?
- Wie entwickelt sich eigenverantwortliches Handeln bei gleichzeitiger Solidarität mit einer Gemeinschaft?
- Wie entsteht Moralität als letztendliches Ziel jeglicher Erziehung?
- Welche Managementkonzepte stellen den Menschen – nicht nur als Kunden – in den Mittelpunkt der Überlegungen?

Wer mit Menschen arbeitet, sei es im Klassenzimmer oder im System Schule, muss ihre Besonderheiten beachten und achten. Wer z.B. menschliche Grundbedürfnisse nicht mitdenkt, wird sowohl bei der Gestaltung von Unterrichtsprozessen wie auch bei Managementprozessen auf Dauer scheitern (Ruep 1999, S. 33f.; Ruep/Keller 2004, S. 26). Für die Arbeit im Klassenzimmer sind es vor allem die Bedürfnisse nach Anerkennung, Wertschätzung, Selbstverwirklichung und Sinn, die beachtet werden müssen und deren Beachtung keine Kosten verursachen außer Achtsamkeit, Rücksichtnahme und Aufmerksamkeit.

Der Didaktiker Jean-Pol Martin arbeitet seit mehr als 20 Jahren mit seinen Schülerinnen und Schülern auf der Grundlage des Ansatzes von Maslow mit dem Konzept „Lernen durch Lehren"/LdL und erzielt damit auffallend gute Lernerfolge (Martin 1994, S. 45 f. und www.Ku-eichstaett.de/SLF/LdL). In Kanada haben Norm und Kathy Green das Konzept des „Cooperative Learning" entwickelt und mit großem Erfolg umgesetzt. Über 14 Jahr lang haben Green/Green „einen heruntergekommenen Distrikt nahe der kanadischen Großstadt Toronto mit extrem schwachen Schülerleistungen zu Spitzenleistungen geführt" (Ratzki/Fink 2006, S. 18 ff.) und damit den Bertelsmannpreis für die innovativste Schulregion im internationalen Vergleich erhalten. Die dabei angewendete Lernstrategie, aus Sicht Greens nicht einfach nur eine Methode, ist direkt auf den Unterricht und die Zusammenarbeit der Lehrkräfte ausgerichtet und impliziert stetige, unmittelbare Evaluation. Lehrerinnen und Lehrer, die diese Strategie anwenden, „tauschen sich aus, bilden Teams, die eine andere Lernkultur in den Klassen entwickeln. Sie schaffen Lernumgebungen für ihre Klassen, in denen Schüler und Schülerinnen durch kooperative Arbeitsformen höhere Lernzielstufen erreichen" (ebd., S. 18). Zentrale Elemente des „Cooperative Learning" sind die gleichzeitige Sachbezogenheit und die Achtsamkeit gegen alle anderen Lernenden, wodurch positive Abhängigkeit erzeugt wird, die Verbindlichkeit für jeden Einzelnen, wodurch Eigenverantwortung eingefordert wird, die stetige direkte Interaktion der Gruppenmitglieder, die Betonung der sozialen und kommunikativen Kompetenz und die unmittelbare Evaluation durch Reflexion des Lernzuwachses (Grösch-Buresch 2006, S. 7). Das Konzept impliziert ein überaus wertschätzendes Interaktionsklima mit hoher Eigenverantwortlichkeit es je Einzelnen. Meines Erachtens wäre eine systematische Aus- und Weiterbildung hier ein guter Weg, die Klassenzimmer zu erreichen. Im Rahmen eines „Netzwerks für Qualitätsmanagement und Selbstevaluation" wurden im Bereich des Oberschulamts Tübingen Lehrkräfte, Schulleiterinnen und Schulleiter sowie Personen aus der Schulverwaltung von Norm und Kathy Green fortgebildet. Viele der Beteiligten haben zurückgemeldet, dass ihnen erstmals der Sinn von Evaluation deutlich geworden ist und dass sie durch das „Cooperative Learning" die Anwendung praktikabler Selbstevaluationsinstrumente im Unterricht erfahren haben.

Der Psychologe Friedhelm Wahl hat an der Pädagogischen Hochschule Weingarten auf der Grundlage empirischer Erhebungen ein spezifisches Ausbildungskonzept für Lehrerinnen und Lehrer entwickelt und dabei den Weg vom Theoriewissen zum erfolgreichen Lehrerhandeln im Unterricht aufgezeigt (Wahl 2006). Wie Martin auf Schülerebene (LdL bzw. Lernen durch Lehren) und Green/Green auf Schüler- und Lehrerebene hat Wahl auf Hochschulebene, die zukünftigen Lehrkräfte betreffend, ein Modell wechselseitigen Lehrens und Lernens (WELL) entwickelt. In beiden Modellen geht es um eine qualitativ hochwertige Wissens- und Könnensgenerierung. In beiden Konzepten werden die Betroffenen ins Zentrum der Überlegungen gestellt und empirische Erkenntnisse zugrunde gelegt. Wahl weist nach, dass nicht Motivation oder Intelligenz als Dekodierungsinstrument, sondern das jeweilige Vorwissen die höchste Korrelation mit dem Lern- und Leistungserfolg aufweist. Wenn wir das wissen, muss also möglichst früh Wissen generiert werden. Kinder können sehr viel früher Wissen und Können aufbauen, als das bislang in Deutschland angenommen wurde. Fremdsprachen z.B. können mittels altersangemessener Methoden sehr früh erlernt werden. Kinder fragen lange vor dem Schulalter nach Dingen, die sie wahrnehmen – auf Antworten sollten sie nicht warten müssen, bis der betreffende Weltausschnitt in der Schule in einem Curriculum auftaucht.

Die Orientierung am Menschen impliziert auch von Seiten jedes zentralen Managements, die Lehrenden als wichtigste Mitarbeiterinnen und Mitarbeiter zu sehen und von der Zentrale aus auch deren Bedürfnisse nach Anerkennung, Wertschätzung, Selbstverwirklichung und Sinn zu beachten. Es ist ein großes Defizit in Deutschland, dass zwar zwischenzeitlich sehr viel über Bildung geredet wird, dass es aber keine letztendliche Wertschätzung der Lehrerinnen und Lehrer gibt. Von Elternseite müsste diese Wertschätzung dazu veranlassen, die Professionalität und Autorität von Lehrkräften zu achten und die Kinder mit Verhaltensweisen auszustatten, die Anstrengungsbereitschaft, Lernwillen und Disziplin als notwendige Grundhaltungen und als selbstverständliche Grundlagen für das Lernen in der Schule beinhalten. Die Selbstbezogenheit der Lehrkräfte gemäß dem „Autonomie-Paritätsmuster" nach Lortie (Ruep/Keller 2004, S. 9 f.) führt andererseits dazu, dass Lehrerinnen und Lehrer es als Zumutung betrachten, wenn sie aus ihrer Sicht von außen zu Qualitätsmanagement und Evaluation verpflichtet werden. Das „von außen" ist aber ihr eigenes System, dessen Teil sie sind. Es muss alles dafür getan werden, dass Lehrerinnen und Lehrer sich als Teil des Systems verstehen und dass sie die Verpflichtung zur Rechenschaftslegung auch als persönliche Lernchance betrachten können. Dazu bedarf es veränderter Kommunikationsstrukturen mit guten personalen Vernetzungen zwischen allen Ebenen. Nur wer die je anderen versteht, kann ihre Vorgehens- und Handlungsweise mit Empathie nachvollziehen. In bürokratisch angelegten Kommunikationsstrukturen ist der Aufbau eines solchermaßen notwendigen Verständnisses nur schwer möglich.

Die Orientierung am Menschen heißt nicht, alles zuzulassen und die Freiheit zur Beliebigkeit werden zu lassen. Vielmehr heißt das, den Menschen zu seinen besten Möglichkeiten gelangen zu lassen durch das Setzen von Grenzen und das Fördern über Forderungen, die als Zumutungen in Erziehungs- und Bildungsprozessen notwendig sind. Für die Lehrerinnen und Lehrer ist die Zumutung die notwendige Rechenschaftslegung über die Wirksamkeit ihrer Arbeit. Die Zumutung sollte eine Ermutigung sein.

Für die Einzelschule sind es die Schulleiterinnen und Schulleiter, die für die Qualität ihrer Schulen verantwortlich sind. Sie sind es ihrerseits, die für die Lehrkräfte wichtige Bezugspersonen sind und die die Arbeitsmotivation durch eine gute Organisation und durch ein offenes, vertrauensvolles Arbeitsklima erheblich beeinflussen. Es sind die Schulleiterinnen und Schulleiter, die die Brücke bilden vom zentral gesteuerten über das schulintern gesteuerte Qualitätsmanagement in die Klassenzimmer. Das von Green/Green (2005) entwickelte Konzept des „Cooperative Learning" ist ein Modell auch der Teamarbeit für Lehrkräfte, das bereits erfolgreich erprobt ist, so dass hierfür kein neues, noch nicht evaluiertes Rad erfunden werden müsste.

Um die unterschiedlichen Kommunikationssysteme durchlässig zu machen und das jeweilige Verständnis für die je anderen zu ermöglichen, sind es Netzwerke, die hilfreich sind und in denen Personen der unterschiedlichen Ebenen leistungs- und aufgabenorientiert so miteinander arbeiten, dass nicht einfach die Umsetzung von Vorgaben die Arbeitsweise bestimmen, sondern die Partizipation aller Gruppen an der Entwicklung von Konzepten für die Umsetzung eines gut durchdachten Referenzrahmens. Der Staat Österreich ist derzeit dabei, mit Unterstützung von Wilfried Schley ein so verstandenes Schulnetzwerk aufzubauen. Schley (1999) ist es ein besonderes Anliegen, rationale und emotionale Faktoren zu verbinden, Strukturfragen zu lösen und Kulturentwicklung zu betreiben sowie Leistungskompetenz zu stärken und Mitarbeiterbeteiligung zu ermöglichen. Er verweist darauf, dass Innovationen und Veränderungen misslingen, wenn die mental-kulturellen, also die weichen Faktoren wie etwa eine allgemeine Veränderungsbereitschaft, bestehende Konflikte, Eigenverantwortung oder Vertrauenskultur nicht gleichermaßen analysiert und bei Veränderungen beachtet werden wie die harten Fakten.

Ein Managementkonzept, das vom Menschen als wesentlichem Faktor ausgeht, ist das Modell der Lernenden Organisation. Nach meiner Erfahrung ist dies gerade für das dezentrale Schulmanagement außerordentlich gut geeignet, weil es eine schuladäquate Systematik anbietet (Ruep 1999; Ruep/Keller 2004). Hier spielt zunächst die persönliche Weiterentwicklung, die „Personal Mastery", des je Einzelnen eine zentrale Rolle, immer auf der Grundlage einer gemeinsam erarbeiteten „Vision", welche die strategische Ausrichtung und die Zielgerichtetheit garantiert. Dem „Teamlernen" kommt eine ebenso große Bedeutung zu wie der Offenlegung je individueller „Mentaler Modelle". Letztere bringen Werthaltungen, Meinungen, persönliche Vorstellungen und Alltagstheorien zum Vorschein, die in der Regel nicht offen gelegt werden, die aber erheblichen Einfluss auf das Handeln haben. Das von Peter Senge (1996) als „Fünfte Disziplin" der Lernenden Organisation definierte „Systemische Denken" bindet das Konzept an die Gesamtorganisation an, in diesem Fall an das öffentlich-staatliche Schulwesen eines Landes. Die Disziplinen sind gleichermaßen auf eigenständiges Lernen, auf Kooperation mit anderen wie auf die Rückbindung an das Gesamtsystem ausgerichtet. Partizipation, dialogische Prozesse und Konsensfindung spielen eine wesentliche Rolle. Allerdings kann das nur dann gut funktionieren, wenn das Gesamtsystem ebenfalls mit einem Managementkonzept der Lernenden Organisation arbeitet, was derzeit nicht explizit der Fall ist. Ein auf fünf Jahre angelegter Schulversuch von 2000 bis 2005 im Oberschulamt Tübingen zeigt auf, welche Erfolge erzielt werden können mit einer Konzeption, die auf der Grundlage der Lernenden Organisation aufgebaut und systematisch umgesetzt wird (Ruep in: Rolff u.a. 2004). Ausgangspunkt war die Überlegung, dort anzusetzen, wo Schülerergebnisse zum Tragen kommen. Ziel war es, Prüfungen so zu gestalten, dass die Bildungspläne und ihre Ziele tatsächlich, nicht nur in Teilbereichen, umgesetzt werden und zum Tragen kommen. Die Annahme war, dass, wenn dort angesetzt würde, sich zwangsläufig der Unterricht ändern würde und dass in dieser Konsequenz ebenso Evaluationsinstrumente zur Verbesserung des Unterrichts eingesetzt werden würden, und zwar nicht vorgegeben und aufgezwungen, sondern aus der Sache heraus durch die Lehrkräfte selbst. Zugrunde gelegt wurde eine pädagogische Bildungsidee, in dem die Potentiale der Lernenden positiv akzentuiert wurden und ihr Wissen und Können mit Blick auf die Zielsetzung des „mündigen Bürgers in einer demokratischen und lernenden Gesellschaft" aufgebaut werden sollte (ebd., S. 3). Bei der Vorgehensweise wurde im Projekt von Anfang an auf weitgehende Partizipation der betroffenen Schulen und deren Lehrkräfte geachtet. Dabei waren Reflexions- und Evaluationsphasen notwendig, die dazu führten, dass immer wieder dem gemeinsamen, zielgerichteten Lernen Raum gegeben wurde. Ebenso erhielten die Schulen ein Höchstmaß an notwendiger Unterstützung durch gemeinsame Klausuren, Prozessbegleitung oder Unterrichts- und Evaluationsberatung. Die Unterstützung wurde ergänzt durch eine Vernetzung der Schulen und einen intensiven Austausch über das generierte Wissen. Die Administration sorgte zudem dafür, dass bestehende Behinderungen, z.B. durch entsprechende Vorschriften, für die beteiligten Schulen außer Kraft gesetzt werden konnten. Das Projekt wurde wissenschaftlich begleitet und als erfolgreich eingestuft. Der Einfluss auf den Unterricht und das Lehrerhandeln, insbesondere die Qualifizierung der Lehrkräfte hinsichtlich notwendiger Evaluationsmethoden ist ein wesentliches Ergebnis (Bernhart 2006, S. 263ff.). Der am Projekt beteiligte Schulleiter des Gymnasiums Wilhelmsdorf, Johannes Baumann, hat auf der Grundlage des Versuchs in einem eigenständigen schulinternen Projekt das Schulcurriculum und die Schulorganisation wesentlich verändert und in der Konsequenz der internen Entwicklungen Anregungen zur Weiterentwicklung des Abiturs in Deutschland vorgeschlagen (Baumann 2005 und bm.wd@t-online.de).

Auf der Grundlage meiner Erfahrungen als Lehrerin, Schulleiterin und in der Schulverwaltung plädiere ich nachdrücklich für Konzepte, die den Menschen ins Zentrum der Überlegungen stellen. Dies gilt auch und gerade für zentral gesteuerte Qualitätsmanagementkonzepte, die sich betriebswirtschaftlich ausgerichteter Modelle bedienen, wo der Mensch bestenfalls als Kunde in den Blick genommen wird. „Der Schüler" als „Kunde" ist aus pädagogischer Sicht kaum vorstellbar, zumindest ist zuvor eine Übersetzungsleistung notwendig, durch die definiert wird, was hier gemeint sein soll.

Die Welt, die die Schule heute vorfindet, macht es ihr schwer, gerade von Schülerinnen und Schüler das einzufordern, was für den Schulerfolg notwendig ist: Aufmerksamkeit, Anstrengungs- und Leistungsbereitschaft. Wer immer suggeriert, Lernergebnisse seien leicht zu haben mit allen möglichen auf dem Markt angebotenen Hilfsmitteln, verschließt die Augen davor, dass Lernen anstrengend ist. Beim Sport akzeptieren das alle: Wer bei einem sportlichen Wettkampf teilnehmen und dabei Erfolge erzielen möchte, muss viel und hart trainieren. In der Schule wird es ziemlich schnell den Lehrkräften angelastet, wenn das Lernen nicht erfolgreich ist. Andererseits dürfen Lehrkräfte sich auch nicht damit zufrieden geben zu sagen, dass die Schülerinnen und Schüler bei eher schlechten Ergebnissen nicht genug gelernt haben. Sie müssen sich immer auch die Frage stellen, ob sie selbst alles getan haben, um die individuellen Lernprozesse in optimaler Weise zu ermöglichen. D.h. schließlich, dass die Kompetenzen der Lehrerinnen und Lehrer gleichermaßen einer Prüfung unterzogen werden müssen wie diejenigen der Schülerinnen und Schüler. Was müssen Lehrerinnen und Lehrer können, die auf der Grundlage ihres Fachwissens und der empirischen Erkenntnisse über den Menschen und über die beim Lernen stattfindenden individuellen neurologischen Prozesse unterrichten? Die Lehrerpersönlichkeit, ein alter pädagogischer Topos, rückt dabei ins Zentrum. Nach Beichel (2006) benötigt die Lehrperson, die sich der Bildung als „gelingendem Unterricht und nachhaltiger Erziehung" verpflichtet sieht und die sich in Beziehung setzen muss zu „Schüler und Sache", neben dem „Berufswissen", „Werturteilsfähigkeit und -bereitschaft" sowie daraus resultierendes „Angemessenes und vernünftiges Lehrerhandeln". Traditionell werden Lehrkräfte bei uns so ausgebildet, dass sie sich als Berufswissen das systematische Wissen desjenigen Fachs aneignen, das sie unterrichten. So war denn auch der Unterricht stärker nach der Fachsystematik als nach den individuellen Lernprozessen ausgerichtet. Die Veränderung dem gemäß gestalteter fachlich orientierter Bildungspläne hin zu am Lernsubjekt orientierten standardisierten Kompetenzlehrplänen war in Deutschland eine tief greifende Veränderung für die Lehrkräfte. Das „angemessene und vernünftige Lehrerhandeln" benötigt aber beides und wurzelt zudem in einem normativen Denksystem ebenso, wie auf Werte hin erzogen werden muss. Die „Werturteilsfähigkeit und -bereitschaft" kann in einem Studiengang weitaus weniger gut abgeprüft werden als das fachbezogene Berufswissen. Selbst wenn heute in den Studiengängen das Berufswissen ausgedehnt wird auf psychologische und pädagogische Kenntnisse, ist damit die „Kluft zwischen Wissen und Handeln" (Mandel/Gerstenmeier 2000) noch nicht überwunden. Das Verständnis der Lehrkräfte als Fachleute für das Lernen, für Beurteilung und Beratung, für Schul- und Organisationsentwicklung und für Evaluation sowie die Verantwortung für die eigene Weiterbildung (Terhart 2000) benötigt auch die notwendige Infrastruktur, nämlich die notwendige Zeit und entsprechende Methoden, die bis heute an den Schulen noch nicht implementiert und auch noch nicht verpflichtend sind.

Schulqualität muss gleichermaßen zur Pflicht für die Schulen und die dort Lehrenden werden, wie ihnen angemessene Mittel und ausreichend Zeit zur Verfügung gestellt werden muss. Dass Lehrkräfte Rechenschaft über ihr Handeln ablegen, halte ich für zwingend notwendig. Nach den Erfahrungen in Pilotprojekten zu Evaluationsprozessen wird zudem deutlich, dass der positive Aspekt, nämlich die gelungenen Ergebnisse als Erfolg sehen zu können, einen hohen Motivationsfaktor darstellt und dass die Defizite dann sachgerecht aufgearbeitet werden können. Wünschenswert ist ein System pädagogischen Qualitätsmanagements, das bereits als zentrales Managementkonzept einen pädagogischen Qualitätsbegriff zu Grunde legt und somit ein Steuerungsmodell entwickelt, das im Kern der Bildungs- und Erziehungsarbeit im Klassenzimmer ausgeht und das sich an der Leitidee der Subsidiarität ausrichtet. Die Frage lautet dann immer: Was muss im Sinne einer dienenden Funktion an anderer Stelle geschehen, damit den Lehrerkräften die Gestaltung der Lehr-Lernprozesse möglichst gut gelingen kann?

Ebenso muss im Sinn der Subsidiarität die Eigenverantwortung jeweils gestärkt werden, was immer auch die Verpflichtung zur Rechenschaftslegung impliziert. Dazu gehört auch ein Bewusstsein bei Schülerinnen und Schülern und deren Eltern für die notwendige Übernahme von Verantwortung beim Lernen. „Lernen light" gibt es nicht, so wenig wie „Lehren light".

Hilfreich ist, Schule als Einzelschule, das Interaktionssystem im Klassenzimmer, aber auch das Schulsystem als Ganzes als Lernende Organisationen zu betrachten und „Lernen als Lebensform" (Vaill 1998) zu betrachten, wie es einer Informations-, Wissens- oder Bildungsgesellschaft angemessen ist.

Zur Qualität von Bildung gehört es meines Erachtens vor allem, dasjenige Wissen immer wieder neu und ergänzend zu generieren, das für eine optimale Arbeit auf allen Ebenen bedeutsam ist. In der Schule gehört dazu neben dem aktuellen Fachwissen Kenntnisse über Lernprozesse, Motivation und Kommunikation, über Aufbau und Funktion von Organisationen, über harte und weiche Faktoren bei Lern- und Veränderungsprozessen. Ohne stetiges (Weiter)lernen jedenfalls ist ein Qualitätsmanagementkonzept als immer wiederkehrender Verbesserungskreislauf nicht wirksam.

Lernende Organisation - Disziplinen	Gesamtsystem Schule und Bildung	Einzelschule	Klassenzimmer
Personal Mastery – individuelles Lernen	Jeder Einzelne generiert das notwendige Tiefenwissen bezogen auf das, was das konkrete Handeln beim Bildungprozess im Klassenzimmer ausmacht. Daraus werden das Steuerungswissen und das zentrale Qualitätsmanagementkonzept abgelei-	Jeder Einzelne, insbesondere Schulleiterinnen und Schulleiter, generiert das für ihn jeweils notwendige Wissen und Können (fach-, prozess- und kommunikationsbezogen).	Lehrkräfte wie Schülerinnen und Schüler verstehen sich als Lernende und wissen um die notwendigen Voraussetzungen des individuellen Lernprozesses (Disziplin, Aufmerksamkeit, Anstren-

		tet.		gung und Leistungsbereitschaft).
Gemeinsame Vision	Es gibt eine explizit formulierte Vision für das öffentliche Bildungswesen als Leitziel und Grundlage für alle weiteren strategischen Überlegungen.	Leitbild und Schulprogramm, die an die Vision des Gesamtsystems rückgekoppelt sind.	Reflexion des Leitbilds der Schule durch Lehrende und Lernende, ggf. Konkretisierung für die gemeinsame Unterrichtsarbeit.
Teamlernen	Partizipative Vorgehensweisen in Teamstrukturen und Netzwerken.	Teamarbeit auf allen Ebenen; Unterrichtsreflexion auf der Grundlage gegenseitiger Unterrichtsbesuche bzw. Peer Review	‚Kooperatives Lernen' (das kanadische Erfolgsmodell)
Mentale Modelle	Offenlegen der Voraussetzungen, der Grundeinstellungen und Werte.	Reflexion und Diskussion der schulischer Arbeit zugrunde liegender Werte, Meinungen, Alltagstheorien oder Erwartungen	Transparenz hinsichtlich der Vorstellungen und Meinungen bei Lehrenden und Lernenden- dies gewinnt besondere Relevanz bei Werturteilen bzw. Beurteilungen, somit auch bei Evaluation.
Systemisches Denken	Vom Ende her denken – also von den Lernprozessen im Klassenzimmer her agieren.	Schulleitung als Brücke zwischen zentraler Steuerung und Unterrichtsarbeit.	Über den Lehr-Lern-Prozess im Klassenzimmer hinaus den Beitrag für das Ganze beachten.
Grundlegend für dieses Konzept sind die Beteiligung der Betroffenen und die dialogische Vorgehensweise bei Veränderungsprozessen.			

4. Formen der Schulevaluation

„Die interne und die externe Evaluation sind zwei Elemente, die nur im Verbund optimale Wirkung erzeugen."

Jo Kramis

Egal, ob man in der Schule oder in außerschulischen Organisationen evaluiert, wird zunächst einmal unterschieden zwischen zwei primären Formen:
- summative Evaluation,
- formative Evaluation.

Eine summative Evaluation wird nach Abschluss einer zu evaluierenden Maßnahme eingesetzt. Dies kann ein Projekt oder ein umfangreicher Modellversuch sein. Es wird die Summe gezogen und die Wirksamkeit der erprobten Maßnahme bewertet. Auf der Ergebnisbasis wird häufig entschieden, ob der Versuch in eine Institutionalisierung übergeht. Die formative Evaluation startet mit einer Bestandsaufnahme und initiiert einen Entwicklungsprozess, in dessen Verlauf weitere Evaluationen stattfinden.

Darüber hinaus wird häufig, insbesondere im Kontext der schulischen Qualitätsentwicklung, zwischen zwei weiteren Formen differenziert:
- Selbstevaluation
- Fremdevaluation

Die Grundansätze und Verfahrensschritte dieser Hauptformen der Schulevaluation werden im Folgenden beschrieben und erläutert.

4.1 Selbstevaluation

„Die Selbstevaluation dient der Selbststeuerung der Schule."

Bildungsplanung Zentralschweiz

Selbstevaluation ist ein von der Einzelschule beschlossene, geplante und durchgeführte Bewertung der pädagogischen Arbeit. Zum einen evaluiert sich die einzelne Schule, um sich ihrer Qualität zu vergewissern. Sie möchte genauer wissen, wo sie steht und wie gut sie ist. Zum anderen legt sie durch die Selbstevaluation Rechenschaft darüber ab, wie gut sie die Ressourcen, die sie vom Steuerzahler erhält, umsetzt.

Am Beginn der Selbstevaluation muss allen klar sein, dass es sich nicht um eine Selbstgratulation handelt. Selbstevaluation ist eine systematische und selbstkritische Analyse der Schulqualität, die sich an Standards und Gütekriterien orientiert. Als Orientierungsrahmen bieten sich sowohl Bildungsstandards an als auch Merkmale guter Schulen an, die aus der Schulqualitätsforschung abgeleitet werden.

Um die Selbstprüfung professionell zu gestalten, muss die Schule sich von Fachleuten beraten und begleiten lassen, die evaluatorisch kompetent sind. Zusammen mit den Prozessbegleitern überlegt die Schule
- ob die gesamte Schule oder nur Teilbereiche evaluiert werden
- welche Evaluationsinstrumente verwendet werden
- in welcher Form die Schüler und Eltern eingebunden werden
- wie die Daten ausgewertet und dargestellt werden
- wer über die Ergebnisse informiert wird
- wie der Zeitplan konkret aussieht.

Auch wenn die Schule durch externe Fachpersonen begleitet wird, muss es ein schulinternes Pendant geben. Und dieses ist eine Planungs- und Steuerungsgruppe, die den Evaluationsprozess lenkt. Ihr gehören die Schulleitung sowie Vertreter der Schüler- und Elternschaft an. Diese repräsentative Zusammensetzung fördert die Identifikation mit dem Vorhaben. Das Plazet für die Selbstevaluation erteilt die Schulkonferenz.

Wenn die Datenerhebungen abgeschlossen sind, erfolgt die Datenauswertung und Ergebnisdarstellung. In einer oder mehreren Evaluationskonferenzen werden die Ergebnisse interpretiert, reflektiert und in ein Verbesserungsprogramm integriert. Letzteres heißt nicht nur, Maßnahmen entwerfen, sondern auch exakt klären, wer was umsetzt.

Zur Sicherung der Umsetzung finden in größeren zeitlichen Abständen immer wieder Bilanzsitzungen statt. Sie sollten von den Begleitern moderiert werden. Leitfragen für die Bilanzierung sind:
- Wie ist der Stand der Umsetzung?
- Was kann abgeschlossen werden?
- Was muss fortgesetzt werden?
- Was erweist sich als nicht umsetzbar?
- Was muss in das Entwicklungsprogramm neu aufgenommen werden?

Sowohl die Ergebnisse der Selbstevaluation als auch das daraus resultierende Qualitätsentwicklungsprogramm werden ins Schulportfolio integriert. Diese „Leistungsmappe" ist das Dokument, das zu einem anderen Zeitpunkt, Fremdevaluationsteam übergeben wird.

Diese große Selbstevaluation als Gesamtanalyse der Schule muss durch permanente kleine Evaluationen ergänzt worden:
- regelmäßige Bewertung des Leistungs- und Sozialverhaltens in der Klassenkonferenz
- regelmäßige Reflexion der pädagogischen Arbeit in Gesamtlehrerkonferenzen

- Feedback-Gespräche und Feedback-Untersuchungen mit der Klasse
- Feedback-Sitzungen mit der Klassenelternschaft oder dem Elternbeirat.

Stufen der Selbstevaluation

1. Klärung des Evaluationsziels

2. Auswahl von Evaluationsbereichen und Evaluationsinstrumenten

3. Durchführung der Evaluation

4. Ableitung von Änderungsmaßnahmen

5. Umsetzung in den Schulalltag

6. Zwischenbilanzen

7. Abschlussbilanz

4.2 Fremdevaluation

„Selbsteinschätzungen sind nahezu zwangsläufig einseitig und möglicherweise zu wenig selbstkritisch."

Guy Kempfert und Hans Günther Rolff

Selbstevaluation ist eine notwendige, aber keine hinreichende Bedingung für die Sicherung und Weiterentwicklung der Schulqualität. Die interne Bestandsaufnahme der einzelnen Schule muss ergänzt werden durch den kritischen Blick von außen. Er sorgt dafür, dass die Qualitätsanalyse nicht von selbstgefälligen Wirklichkeitskonstruktionen verzerrt wird. Dieser zweite Blick ist nicht als Kontrolle im traditionellen Sinne zu verstehen, sondern als Vergleich zweier Wahrnehmungen. Erst durch diesen Vergleich entsteht ein relativ objektives Bild von der Schulqualität.

In vielen Ländern ist deshalb eine externe Schulevaluation institutionalisiert worden, die meist unabhängig von der Schulaufsicht Schulen bewertet. Diese

Fremdevaluation wird von professionellem Personal durchgeführt. Meist in Form von Teams besuchen die externen Evaluatoren die Schulen und evaluieren die pädagogische Arbeit auf der Basis gesetzter Maßstäbe, die in einem Qualitätshandbuch zusammengefasst und operationalisiert sind. Diese pädagogische Wertanalyse basiert um einen auf der Auswertung der Selbstevaluationsdaten der Schule, was auch als Meta-Evaluation bezeichnet wird. Zum anderen besteht sie aus Beobachtungen und Befragungen. Hierzu gehören Unterrichtsbeobachtungen, Interviews mit der Schulleitung, mit Schülern und Eltern sowie Schulrundgänge.

In einer reifen, dialogischen Evaluationskultur findet kein „Überfall" auf die zu evaluierende Schule statt. Die Schule weiß, dass sie ihre Selbstsicht durch eine Außensicht ergänzen muss und dass hierfür eine Fachstelle zur Verfügung steht. Irgendwann im vorgesehenen Intervall ist die Schule evaluationspflichtig. In einem Gespräch werden erste Informationen ausgetauscht und erste Schritte vereinbart. Hierzu zählen die Auftragsklärung mit dem Kollegium, die Bildung einer Planungsgruppe, die Festlegung der Evaluationsbereiche und die Zusammenstellung der relevanten Schuldaten in einem Schulportfolio. Letzteres gibt dem Team einen ersten wichtigen Blick in die zu bewertende Schule.

In der nächsten Phase des Prozesses der Fremdevaluation sichtet das externe Evaluationsteam die im Schulportfolio vorhandenen Daten und Informationen gründlich und kritisch. Diese Analyse wirft wichtige Fragen auf, die der Schule während des Evaluationsbesuchs gestellt werden müssen. Des Weiteren wird geklärt, wie evaluiert wird und welche Erfassungsinstrumente zum Einsatz kommen müssen. Alles zusammen wird in einem vorläufigen Evaluationsplan festgehalten.

Das Evaluationsteam trifft sich erneut mit der Schulleitung und der schulinternen Planungsgruppe. Jetzt wird der endgültige Evaluationsplan festgelegt, aus dem genau hervorgeht wo wann welche Evaluationsaktivität stattfindet. Geklärt wird auch noch, wie die Evaluationsergebnisse der Schule vermittelt werden.

Ist alles geklärt, geplant und vorbereitet, führt das Evaluationsteam die Besuche, Beobachtungen und Befragungen durch. Mehrere Tage dauert diese externe Evaluation, an deren Ende eine größere Menge qualitativer und quantitativer Daten zusammen gekommen ist. Nächste Aufgabe des Teams ist es, diese Daten auszuwerten und eine fundierte Rückmeldung vorzubereiten. Das Feedback geschieht in Form einer Evaluationskonferenz mit dem Kollegium, in der beide Sichtweisen, die interne und die externe, nochmals miteinander verglichen werden. Will der abschließende externe Evaluationsbericht gerecht sein, muss er die Rückmeldungen der Schule integrieren.

Der schriftliche Evaluationsbericht wird nicht nur der Schule zugeleitet, sondern auch der Schulaufsicht, die die externe Qualitätsverantwortung innehat. In einer weiteren Dialog-Runde reflektiert die Schulaufsicht mit der Schule die Evaluationsergebnisse. Aufbauend darauf wird geklärt, wo was wann verändert werden muss. Hierüber wird zwischen den beiden Qualitäts-Partnern eine Zielvereinbarung getroffen. In der Zielvereinbarung ist auch genau festgelegt, wann ein Controlling der Qualitätsentwicklung stattfindet.

Stufen der Fremdevaluation

1. Vorbereitendes Gespräch mit der Schule

2. Auftragsklärung mit dem Kollegium

3. Vorbereitungsarbeiten an der Schule

4. Vorbereitung der externen Evaluation

5. Planungsgespräch mit der schulinternen Kontaktgruppe

6. Evaluationsbesuch
   - Schulrundgang
   - Unterrichtsbesuche
   - Evaluationsgespräche

7. Aufbereitung der Evaluationsdaten

8. Evaluationskonferenz mit der Schule

9. Schriftlicher Evaluationsbericht

10. Zielvereinbarungen mit der Schulaufsicht

Exkurs: Peer Review

Eine sanfte Variante der externen Evaluation ist der Peer Review. Im Gegensatz zur staatlich angeordneten Fremdevaluation bestimmt die Schule selbst, wann, wie und durch wen sie evaluiert wird. Von einem Peer Review kann gesprochen werden, wenn die Schule externe Fachleute, die bisweilen auch als kritische Freunde bezeichnet werden, um eine Qualitätsanalyse bittet Bei den Externen handelt es sich meist um Kolleginnen und Kollegen anderer Schulen. Diese bewerten mit kritischem kollegialen Blick die Schulqualität. Als Evaluationsmethoden werden Unterrichtshospitationen, Leitfadeninterviews und Schulrundgänge angewandt. Nachfolgend wird aufgezeigt, in welchen Schritten ein Peer Review ablaufen kann:

1. Die Schule entscheidet sich, „kritische Freunde" mit der Bitte um Rückmeldung und Rückspiegelung einzuladen.

2. Es wird geklärt, ob sich das Review auf die ganze Schule oder Teilbereiche bezieht.

3. Es wird geklärt, ob das Review-Team aus Lehrpersonen einer anderen Schule oder aus Personen verschiedener Institutionen besteht.

4. Mit dem Review-Team werden ca. vier Wochen vorher die Review-Ziele festgelegt und der Review-Ablauf geplant.

5. Die „kritischen Freunde" führen Unterrichtsbesuche, Interviews und Schulrundgänge durch.

6. Am selben Tag oder kurz danach werden die Wahrnehmungen zurückgespiegelt.

7. Das Feedback wird in einer Lehrerkonferenz ausgewertet und es werden daraus Verbesserungsmaßnahmen abgeleitet.

Wichtig ist, dass die kollegialen Evaluatoren nicht als Experten auftreten, die Änderungsrezepte verschreiben, sondern als Feedbackgeber. Feedbackgeben heißt, der Schule zurückmelden, was man beobachtet und wahrgenommen hat.

Weiterführende Literaturhinweise

Hahne-Stiegelbauer, B./Peters, D.: Schulen evaluieren Schulen. In: Landesinstitut für Schule und Weiterbildung (Hrsg.): Lernfall externe Evaluation. Böhnen 1997.

Watschinger, J./Schenk, V./Zangerle, R.: Mit kritischen Freunden unterwegs. Bozen 1999.

5. Methoden der Schulevaluation

„Vier Blinde wollten wissen, was ein Elefant sei. Also führte man sie zu einem. Der eine Blinde bekam den Rüssel des Elefanten in die Hände. Er meinte, der Elefant sei so ähnlich wie eine Wasserpfeife. Der zweite ertastete ein Ohr und widersprach: "Nein, ein Elefant ist so ähnlich wie ein Fächer." Der dritte erwischte ein Bein und bemerkte: "Auch das stimmt nicht, ein Elefant ist so ähnlich wie eine Säule. Der vierte schließlich hatte seine Hände auf den Rücken des Elefanten gelegt und meinte: "Ihr habt alle Unrecht. Ein Elefant ist so ähnlich wie ein Thron." Keiner von ihnen kannte die ganze Wahrheit, sondern nur einen Teil davon. Und doch war jeder überzeugt, dass er allein Recht hatte."

Eine Sufi-Geschichte

Wer evaluiert, muss Daten sammeln, aufbereiten und bewerten. Sowohl für die Selbstevaluation als auch für die Fremdevaluation stehen sozialwissenschaftliche Methoden zur Verfügung.

Im Folgenden werden Verfahren dargestellt, die sich in der Evaluationspraxis bewährt haben. Es handelt sich zum einen um qualitative Verfahren wie die Beobachtung, das offene Interview, die Kartenabfrage, die SOFT-Analyse und die Dokumentenanalyse. Zum anderen sind es quantitative Verfahren wie die schriftliche Befragung, das standardisierte Interview und die Leistungstestung.

Möchte man das, was man evaluiert, in Form von Zahlen erfassen, verwendet man quantitative Verfahren. Beispielsweise soll die Qualität der Zusammenarbeit von Elternhaus und Schule bewertet werden. In diesem Falle bietet sich ein Fragebogen an, in dem das zu untersuchende Qualitätskriterium durch Indikatoren operationalisiert ist. Ein Indikator lautet zum Beispiel: „Der Schulleiter informiert die Elternschaft regelmäßig durch einen Infobrief."

Alle befragten Eltern geben auf einer Schätzskala (trifft sehr zu – trifft zu – trifft teilweise zu – trifft weniger zu – trifft gar nicht zu) ankreuzen, in welchem Maße diese Aussage gegeben ist.

Bei quantitativen Erhebungen wird eine möglichst größere Anzahl von Personen untersucht. Dies geschieht mit standardisierten Methoden, was keine freie Antwort bedeutet, sondern das Ausfüllen und Ankreuzen von Antwortrastern. Der besondere Vorteil quantitativer Verfahren liegt darin, dass sich die erhobenen Daten mittels mathematisch-statistischer Verfahren analysieren lassen. Beispielsweise kann man durch die Bildung von Mittelwerten die zentrale Tendenz bestimmter Merkmalsausprägungen errechnen. Wer quantifizierend evaluiert, kann Hypothesen überprüfen. So zum Beispiel die Hypothese, dass die Elterneinschätzung der Qualität einer Schule unterdurchschnittlich ist.

Will man verstehend-interpretierend evaluieren, bieten sich qualitative Verfahren als Mittel der Erkenntnisgewinnung an. Erhoben werden zum einen verbale Daten (z.B. Interviewaufzeichnungen, Beobachtungsprotokolle), zum anderen auch visuelle Daten (z.B. Fotos, Filme). Die Evaluationsgegenstände „werden dabei nicht in einzelne Variablen zerlegt, sondern in ihrer Komplexität und Ganzheit in ihrem alltäglichen Kontext untersucht" (Flick 1999, S. 14).

Was in der qualitativen Forschung erhoben wird, hält man in Form von Texten fest, wobei von der Wirklichkeit nur das übrig bleibt, was tatsächlich eingefangen wurde. In der Dokumentation kommt das Wesentliche des Erfragten und Beobachteten sparsam (Sparsamkeitsregel) zum Ausdruck. Dabei soll klar getrennt werden zwischen Notation und Interpretation. Nach der Erhebung werden die Daten interpretiert und in eine fundierte Bewertung transformiert.

Der qualitative und der quantitative Erkenntnisweg schließen sich nicht aus, sondern ergänzen sich. Denn wenn man eine komplexe Wirklichkeit wie eine Schule fundiert erfassen und beurteilen möchte, muss man sowohl Aussagen über die Beschaffenheit ihrer Merkmale als auch über deren Häufigkeit und Intensität machen.

5.1 Qualitätsaudit

„Audits untersuchen in umfassender Weise die Qualität der Schulgestaltung und der Lernergebnisse."

Heinz Günter Holtappels

Qualitätsaudit ist eine systematische Untersuchung, deren Ziel es ist festzustellen, ob die Qualität von Dienstleistungen und Produkten definierten Ansprüchen entspricht. Es kann als internes (Selbstevaluation) und als externes Audit (Fremdevaluation) stattfinden. Um ein Audit in vergleichbarer Weise durchführen zu können, ist ein Qualitätshandbuch vonnöten, in dem die Qualitätsansprüche in Form von Indikatoren operationalisiert sind. Diese Qualitätsindikatoren werden von den Auditoren auf einer Skala von Niveaustufen bewertet.

Eines der bekanntesten schulischen Qualitätshandbücher ist das inzwischen ins Deutsche übersetzte Indikatorensystem „Wie gut ist unsere Schule?" (Stern/Döbrich 1999). Es weist folgende Struktur auf:

Curriculum

1.1 Struktur des Curriculums
1.2 Qualität der Unterrichtsangebote
1.3 Qualität und Planung durch den Lehrer

Erreichen von Lernzielen

2.1 Erreichen von Lernzielen in Kursen
2.2 Leistungen gemessen an landesweiten Zielsetzungen
2.3 Gesamtqualität des Erreichens von Lernzielen

Lernen und Lehren

3.1 Qualität des Unterrichts
3.2 Qualität des Lernprozesses der Schüler
3.2 Orientierung an Schülerbedürfnissen
3.4 Beurteilung als Teil des Lehrens
3.5 Kommunikation mit den Eltern

Unterstützung für Schüler

4.1 Persönliche Betreuung
4.2 Persönliche und soziale Entwicklung
4.3 Qualität schulischer und beruflicher Beratung
4.4 Rolle der Beratung bei der Beobachtung von Schülerfortschritten und Schülerleistungen
4.5 Effektivität der Unterstützung des Lernprozesses
4.6 Umsetzung von gesetzlichen Vorgaben im Bereich des sonderpädagogischen Förderbedarfs
4.7 Umgang mit Schülern mit sonderpädagogischem Förderbedarf

Ethos

5.1 Ethos
5.2 Zusammenarbeit mit den Eltern und dem Schulbeirat
5.3 Verbindung zu anderen Schulen, Organisationen, Institutionen, Wirtschaft und Kommune

Ressourcen

6.1 Bereitstellung
6.2 Bereitstellung von Ressourcen
6.3 Organisation von Räumlichkeiten und Ressourcen
6.4 Personalausstattung
6.5 Effektivität und Einsatz des Personals
6.6 Personalentwicklung und -beurteilung
6.7 Management des der Schule übertragenen Budgets

Management, Führung und Qualitätssicherung

7.1 Selbstevaluation
7.2 Der Schulentwicklungsplan
7.3 Umsetzung des Entwicklungsplans
7.4 Effektivität der Leitung
7.5 Effektivität der Leitungskräfte

Was unter einem Indikator zu verstehen ist, wird im Handbuch genauer thematisiert und erläutert. Die einzelnen Indikatoren werden anhand von vier Bewertungsstufen beurteilt:

4	sehr gut	deutliche Stärken
3	gut	generell mehr Stärken als Schwächen
2	mäßig	einige relevante Schwachpunkte
1	unbefriedigend	deutliche Schwächen

Die meisten Länder, die schulische Evaluationssysteme implementiert haben, verfügen über solche Basisinstrumente zur systematischen Qualitätsprüfung. Sie können sowohl zu einer umfassenden Überblicksevaluation als auch zu einer Fokusevaluation eingesetzt werden.

Das Audit basiert auf Daten, die mit unterschiedlichen Evaluationsmethoden erhoben werden. Zu nennen sind Evaluationsgespräche, Unterrichtsbeobachtungen, Fragebogenuntersuchungen, Schulleistungen und Dokumentenanalyse.

Die Schulqualität kann auch mit Audit-Modellen analysiert werden, die im außerschulischen Bereich entstanden sind. Beispielhaft zu nennen ist das Modell der European Foundation of Quality Management EFQM). Es eignet sowohl für Selbst- als auch für Fremdevaluationen. Das EFQM-Modell stellt eine „Philosophie des guten Managements dar, die beschreibt, wie man die Existenz und den Erfolg der Organisation langfristig sichern kann" (Broekmate u. a. 2001, S. 247). Inzwischen gibt es auch eine an den Schulbereich angepasste Version (Kotter 2004). Das Audit orientiert sich an 9 zentralen Qualitätskriterien, denen konkrete Qualitätsindikatoren zugeordnet sind. Gegliedert sind die Zentralkriterien in 5 Befähiger-Kriterien (1-5) und 4 Ergebniskriterien (6-9):

1. Führung

2. Mitarbeiter

3. Ziele und Strategien

4. Partnerschaften und Ressourcen

5. Prozesse (insbesondere die Bildungs- und Erziehungsprozesse)

6. Mitarbeiterbezogene Ergebnisse

7. Ergebnisse in Bezug auf Schüler, Eltern, nachfolgende Bildungseinrichtungen und Arbeitswelt

8. Gesellschaftsbezogene Ergebnisse

9. Schlüsselergebnisse

Für jeden Kriterienbereich gibt es Anhaltspunkte, mit deren Hilfe eine konkrete Qualitätsbewertung vorgenommen werden kann.

Weiterführende Literaturhinweise

Landwehr, N.: Basisinstrument zur Schulqualität. Systematische Darstellung wichtige Qualitätsansprüche an Schulen und Unterricht. Bern 2003 (2. Auflage).

Kotter, K.H. (Hrsg.): Unsere Schule auf dem Weg in die Zukunft. Schulentwicklung nach dem EFQM-Modell. Wolnzach: Kastner 2004 (2.Auflage).

Stern, C./Döbrich, P.: Wie gut ist unsere Schule? Gütersloh: Verlag Bertelsmann Stiftung 1999.

5.2 Beobachtung

„Erst sehen, dann zählen, dann messen."

Ernst Kretschmer

Die Beobachtung ist eine eigenständige Datenerhebungsmethode wie das Interview, der Fragebogen oder der Test. Die Daten erhält man nicht durch Auskunft, sondern durch zielgerichtete und systematische Wahrnehmung. Sie muss so genau sein, dass das, was beobachtet wird, intersubjektiv überprüfbar ist. Andernfalls ist die Beobachtung nicht mehr als eine Alltagsbeobachtung mit stark subjektiver Tönung.

Im Bereich der wissenschaftlichen Beobachtung lassen sich die verschiedenen Beobachtungsverfahren folgendermaßen systematisieren (Diekmann 1995, S. 469 f.):
- Teilnehmende/nicht teilnehmende Beobachtung: Macht der Beobachter die Interaktionen des sozialen Feldes mit oder verhält er sich passiv?
- Offene/verdeckte Beobachtung: Informiert der Beobachter die zu Beobachtenden oder gibt er sich nicht zu erkennen?
- Strukturierte/unstrukturierte Beobachtung: Arbeitet der Beobachter mit einem standardisierten Schema oder nimmt er das Feld spontan wahr?
- Feldbeobachtung/Beobachtung im Labor: Findet die Beobachtung im natürlichen sozialen Feld statt oder im Labor unter experimentellen Bedingungen?
- Fremdbeobachtung/Selbstbeobachtung: Handelt es sich um eine Beobachtung fremden oder eigenen Erlebens und Verhaltens?

In der Schulevaluation kommt das Beobachtungsverfahren vor allem dann zur Anwendung, wenn externe Evaluatoren oder kritische Freunde die Schule besuchen und Qualitätsdaten erheben. Als typischer Beobachtungsgegenstand eignet sich der Unterricht. Ihn zu beurteilen ist auf zwei Wegen möglich. Der erste Weg besteht darin, dass der Beobachter ein Beobachtungsschema bzw. ein Kategoriensystem verwendet, in dem wichtige Merkmale des Unterrichts genau

beschrieben sind und mit dessen Hilfe die Merkmalsausprägungen durch Registrierung oder Skalierung genauer erfasst werden kann. Ein Kategoriensystem muss nach Schnell u.a. (1999, S. 364) folgende Voraussetzungen erfüllen:
- Ausschließlichkeit der einzelnen Kategorien
- Vollständigkeit des Kategorienschemas
- Konkretheit der Kategorien
- Begrenzung der Kategorienzahl.

Den zweiten Weg nennt man kriteriengeleitete Beobachtung. Der Beobachter nimmt den Unterricht aus dem Blickwinkel von Gütekriterien wahr, steuert selbst die Beobachtungsselektion und gelangt zu einer summarischen Beurteilung des Unterrichts der besuchten Lehrperson. Dieser Weg verlangt, dass der Beobachter seine Wahrnehmungen genau protokolliert, entweder als stichwortartiges Simultanprotokoll oder als Gedächtnisprotokoll.

Der besondere Vorteil der Beobachtungsverfahren ist, dass man mitten drin ist in der sozialen Wirklichkeit und Daten unmittelbar gewinnen kann. Dabei muss jedoch bedacht werden, dass die menschliche Wahrnehmung prinzipiell fehleranfällig ist. Denn was wir wahrnehmen, hängt nicht nur von den eingehenden Sinnesreizen ab, sondern auch von der Reizverarbeitung im kognitiven Apparat. Häufig kommen folgende Fehler vor:
- Primacyeffekt: Der erste Eindruck beeinflusst die folgenden Wahrnehmungen.
- Haloeffekt: Der Beobachter lässt sich vom Gesamteindruck oder von einer sehr positiv ausgeprägten Eigenschaft lenken.
- Zentrale Tendenz: Der Beobachter scheut sich vor extremen Skalierungen und platziert seine Einschätzungen eher in der Skalenmitte.
- Mildeeffekt: Der Beobachter verharmlost negative Eigenschaften.
- Härteeffekt: Der Beobachter nimmt den zu Beobachtenden systematisch negativ wahr.
- Logischer Fehler: Zwei Eigenschaften werden verknüpft, weil man glaubt, dass sie zusammengehören (schlampig – faul).

Der Beobachter muss sich dieser potenziellen Beobachtungsfehler bewusst sein. Deshalb muss er sich in Beobachtungssituationen immer wieder kritisch reflektieren und Fehlwahrnehmungen frühzeitig gegensteuern. Des Weiteren kann Fehlern vorgebeugt werden durch:
- präzise Beschreibung der Kategorien
- genaue Trennung der Kategorien
- Distanz zu den Beobachteten
- genügend Beobachtungszeit
- intensive Vorbereitung.

Im Beobachtungsprozess drohen nicht nur Wahrnehmungsfehler, sondern auch Reaktivitätseffekte. Diese treten dann auf, wenn Beobachtete das Verhalten zeigen, das ihrer Vermutung nach erwartet wird.

Unterrichtsbeobachtungsbogen

Stufen Sie bitte ein, in welchem Maße die nachstehenden Aussagen für die besuchte Unterrichtsstunde zutreffen.

	sehr	ziemlich	mittel	wenig	nicht
1. Der Unterricht ist klar strukturiert.					
2. Die Unterrichtszeit wird lernwirksam genutzt.					
3. Das Unterrichtsklima ist positiv.					
4. Die Unterrichtsinhalte sind sachangemessen.					
5. Das Unterrichtstempo ist schülergerecht.					
6. Der Lehrer informiert über seine Unterrichtsziele.					
7. Der Lehrer erklärt den Stoff gut.					
8. Der Lehrer vermittelt auch Lernmethoden.					
9. Der Lehrer setzt Medien sinnvoll ein.					
10. Der Lehrer knüpft an das Vorwissen der Schüler an.					
11. Der Lehrer spricht mit den Schülern altersgerecht.					
12. Der Lehrer praktiziert einen sinnvollen Methodenwechsel.					
13. Die Schüler sind aufmerksam.					
14. Die Schüler sind lernmotiviert.					
15. Die Schüler erhalten leistungsförderliche Rückmeldungen.					
16. Der Lernerfolg wird durch Üben gefördert.					
17. Die Schüler sind diszipliniert.					
18. Die Schüler erhalten auch individuelle Hilfestellungen.					
19. Die Unterrichtsergebnisse werden gesichert.					

Weiterführende Literaturhinweise

Diekmann, A.: Empirische Sozialforschung. Grundlagen, Methoden, Anwendungen. Reinbek bei Hamburg 2003 (10. Auflage).

Greve, W./Wentura, D.: Wissenschaftliche Beobachtung. Weinheim 1996

Schnell, R./Hill, P.B./Esser, E.: Methoden der empirischen Sozialforschung. München und Wien 1999 (6. Auflage), S. 364

5.3 Interview

„Das Interview ist der Königsweg der praktischen Sozialforschung."

René König

Das Interview ist eine häufig angewandte Methode der systematischen Erkenntnisgewinnung. Sie dient dazu durch mündliche Befragung Informationen über einen bestimmten Gegenstand zu erhalten.

Hinsichtlich der Interviewform unterscheidet man zwischen Einzelinterview und Gruppeninterview. Beide Formen spielen in der Schulevaluation eine wichtige Rolle. Interviews werden dort gerne eingesetzt, weil beide Interaktionspartner Rück- und Verständnisfragen stellen können.

5.3.1 Einzelinterview

„Die Stärke des Interviews liegt vor allem in seinem interaktiven Charakter."

Norbert Landwehr

Das Einzelinterview ist ein Befragungsgespräch zwischen einem Interviewer und einer Befragungsperson, um Daten und Informationen zu erhalten. Es „knüpft an die alltägliche Situation des Fragenstellens und Sich-Informierens im Gespräch an, ist aber gleichwohl eine künstliche, asymmetrische Interaktion unter Fremden..." (Diekmann 2003, S. 375). Es kann als Königsweg der Sozialforschung bezeichnet werden. In der Schulevaluation wird es sowohl in der Planungsphase als auch während der eigentlichen Evaluation häufig angewandt.

Das Einzelinterview kann ist in drei Varianten möglich. Die erste Variante nennt man standardisiertes Interview. Wer standardisiert interviewt, muss sich an den Wortlaut und die Abfolge der formulierten Fragen genau halten. Die zweite Variante ist das halbstandardisierte Interview, das auch als Leitfadeninterview bezeichnet wird. Der Interviewer hat einen Fragerahmen zur Hand, mit dem er das Gespräch führt. Im Gegensatz zum voll standardisierten Interview ist er offen genug, um detailliert nachzufragen oder auf von der Interviewperson gestellte Fragen einzugehen. Beim nicht standardisierten Interview orientiert sich der Interviewer lediglich an Aspekten und Themen. Wie die Fragen formuliert werden und in welcher Reihenfolge sie gestellt werden, bestimmt er selbst.

Zur Dokumentation der Daten sind möglich ein Stichwortprotokoll, ein anschließendes Gedächtnisprotokoll oder eine Tonbandaufzeichnung. Am häufigsten angewandt wird das Stichwortprotokoll.

Die Qualität des Interviews hängt von der Gesprächsführung des Interviewers ganz entscheidend ab. Er muss am Interviewbeginn eine förderliche Gesprächsatmosphäre herstellen und eine Eis brechende Eröffnungsfrage stellen. Er stellt einfache, kurze und konkrete Fragen. Er vermeidet Antwort lenkende Suggestivfragen, mehrdeutige Fragen und doppelte Verneinungen. Und er lässt sich vom Befragten nicht zum Diskutieren verleiten.

Des Weiteren erkennt man den guten Interviewer daran, dass er aufmerksam zuhört, angemessen reagiert und seinen Auftrag zielorientiert umsetzt. Er muss sein sprachliches und nichtsprachliches Verhalten (z.B. Mimik) so steuern, dass die Antworten der Befragungsperson durch seine eigenen Meinungen und Überzeugungen nicht beeinflusst werden.

Interviewer bedürfen vor ihrem ersten Interviewkontakt eines Interviewertrainings. Während dieser Schulung lernen sie, Leitfäden richtig zu handhaben, auf die Befragungsperson einzugehen, Antworten rationell zu dokumentieren und Interviewfehler zu vermeiden.

Der besondere Vorteil der Interviewmethode ist, dass der Interviewer insbesondere bei weniger standardisierten Interviewformen detailliert nachfragen und auf die Meinungen, Einstellungen und Überzeugungen des Befragten intensiv eingehen kann.

Nachteilig ist, dass Interviews einen hohen Protokollierungs- und Auswerteaufwand erfordern und das Antwortverhalten anfälliger ist für Einflüsse der fragenden Person.

Interviewleitfaden für die Evaluation der Gesamtlehrerkonferenzen
(Gespräch mit der Schulleitung)

1. Wie häufig führen Sie Gesamtlehrerkonferenzen durch?

2. Wie bereiten Sie diese Konferenzen?

3. Wie beteiligen Sie das Kollegium an der Konferenzvorbereitung?

4. Wann wird das Kollegium über die Tagesordnung informiert?
5. Wie sieht die Ablaufstruktur einer Konferenz gewöhnlich aus?
6. Wie lange dauert eine Konferenz durchschnittlich?
7. Welche teilnehmerzentrierten Arbeitsformen kommen bei Ihnen zur Anwendung?
8. Wie hoch ist der Anteil teilnehmerzentrierter Konferenzformen (prozentuale Schätzung)?
9. Wie protokollieren Sie die Konferenzen?
10. Wann wird das Protokoll verteilt?
11. Wie kontrollieren Sie die Umsetzung von Konferenzbeschlüssen?
12. Wie entwickeln Sie Ihre Konferenzkultur weiter?

Der gute Interviewer

- begrüßt den zu Befragenden freundlich
- erläutert sein Anliegen
- bemüht sich um eine positive Gesprächsatmosphäre
- kann gut zuhören
- schränkt seinen Redeanteil ein
- handhabt seinen Leitfaden flexibel
- kommentiert nicht
- achtet auf eine klaren Gesprächsablauf
- stellt einfache und verständliche Fragen
- stellt keine Suggestivfragen

- erzwingt keine Antworten
- bittet gegebenenfalls um eine Konkretisierung
- lässt sich nicht auf eine Diskussion ein
- stellt gegebenenfalls Verständnisfragen
- bedankt sich für das Gespräch.

Weiterführende Literaturhinweise

Froschauer, U./Lueger, M.: Das qualitative Interview. Wien 2003.

Konrad, K.: Mündliche und schriftliche Befragung. Landau 2001 (2. Auflage).

Mayer, H.O.: Interview und schriftliche Befragung. Entwicklung, Durchführung und Auswertung. München und Wien 2004 (2. Auflage).

5.3.2 Gruppeninterview

„Eine effektive Variante, Interviews durchzuführen, sind Gruppeninterviews."

Christoph Burkard und Gerhard Eikenbusch

Wenn mehrere Personen gleichzeitig von einem Interviewer oder einem Interviewertandem befragt werden, nennt man dieses Erhebungsverfahren Gruppeninterview. Meist wird als Befragungsinstrument ein Leitfaden, der nicht mehr als 8-10 offene Fragen enthalten soll.

Das Gruppeninterview beginnt damit, dass der Interviewer bzw. das Interviewertandem die Befragungspersonen freundlich begrüßen, sich namentlich vorstellen, das Thema erläutern und das Vorgehen darlegen.
Hauptteil des Gruppeninterviews ist die Frage-Antwort-Runde, während der die Schlüsselfragen des Leitfadens abgearbeitet werden. Wenn die Befragung von zwei Personen durchgeführt wird, sollte vorher eine Arbeitsteilung festgelegt werden. Die eine Person übernimmt die Rolle des Fragestellers, die andere die des Dokumentars, der die Antworten stichwortartig notiert. Möglich ist es, dass die Rollen in der Mitte des Interviews gewechselt werden.
Bezüglich der auf die Schlüsselfrage folgenden Antwortrunde gibt es zwei Varianten. Die erste Variante heißt Spontanverfahren. Das heißt, wer auf die Frage antworten möchte, meldet sich und gibt sie kund. Der Interviewer besteht nicht darauf, dass alle antworten, sondern er fragt allerhöchstens, ob noch je-

mand antworten möchte. Eine Alternative zu dieser Variante ist das Rundumfahren. Jede Befragungsperson wird der Reihe nach aufgefordert, eine Antwort zu geben.

Während der jeweiligen Antwortrunde darf der Interviewer Zusatzfragen zum Zwecke des Verstehens, Verdeutlichens und Vertiefens stellen. Es empfiehlt sich, am Ende der Runde, den Tenor der Antworten nochmals kurz zusammenzufassen. Dies ermöglicht eine Korrektur von Missverständnissen.
Sind alle Schlüsselfragen gestellt und beantwortet, wird das Gruppeninterview abgeschlossen. Der Interviewer bzw. das Interviewertandem bedankt sich für das Engagement der Befragungspersonen und verabschiedet sich.

Ein besonderes Plus des Gruppeninterviews ist, dass es ökonomisch ist. Außerdem kann es Einblick geben in die Dynamik einer Organisation. Nachteilig kann sich die Gruppensituation dahingehend auswirken, dass einzelne Gruppenmitglieder abweichende Meinungen aus Angst vor anwesenden Meinungsführern nicht äußern und stattdessen konforme Antworten geben.

Phasen des Gruppeninterviews

1. Eröffnung des Interviews

- Begrüßung
- Vorstellung
- Anliegen/Thema
- Vorgehen

2. Frage-Antwort-Runde

- Tandemarbeit (Moderator + Dokumentar)
- Spontanverfahren oder Rundumverfahren
- Schlüsselfragen und Zusatzfragen
- Zusammenfassung

3. Abschluss des Interviews

- Dank
- Verabschiedung

Gruppen-Leitfaden für die Evaluation der Klassenteam-Kooperation

1. Wie wichtig ist für Sie die Kooperation der in dieser Klasse unterrichtenden Lehrerinnen und Lehrer?
2. Wie häufig treffen Sie sich zu einer Klassenkonferenz?
3. Gibt es auch informelle Gespräche dazwischen?
4. Was sind die zentralen Themen Ihrer Kooperation?
5. Wie finden Sie im Team einen pädagogischen Grundkonsens?
6. Welche Rolle spielt der Klassenlehrer in Ihrem Klassenteam?
7. Was tun Sie gemeinsam, um gravierende Schülerprobleme zu lösen?
8. Wie reflektieren Sie Ihre pädagogische Arbeit in dieser Klasse?
9. Was läuft in Ihrem Klassenteam gut?
10. Was müsste in Ihrem Klassenteam noch verbessert werden?

Weiterführender Literaturhinweis

Mucchielli, R.: Das Gruppeninterview. Salzburg 1998.

5.4 Fragebogen

„Fragen stellen ist nicht schwer, Fragebogen konstruieren sehr!"

Sabine Kirchhoff

Der Fragebogen ist ein klassisches Instrument der empirischen Sozialforschung. Er besteht aus vorgegebenen Fragen, die von den Befragungspersonen schriftlich beantwortet werden. Im Gegensatz zum Interviewleitfaden ist er stark standardisiert, um eine Vergleichbarkeit der Daten zu gewährleisten.
 Fragen können nach ihrer Form und nach ihrem Inhalt differenziert werden. Was die Form betrifft, gibt es drei Arten von Fragen:
- geschlossene Fragen (vorgegebene Antworten)

- offene Fragen (keine Antwortvorgaben)
- Hybridfragen (vorgegebene Antworten und eine offene Antwortmöglichkeit).

Bei geschlossenen Fragen kommen folgende Antwortformate besonders häufig zur Anwendung: Ja-Nein-Antworten, Mehrfachwahl-Antworten und Schätzskalen (z.B. trifft voll zu – trifft eher zu – trifft eher nicht – trifft gar nicht zu).

Hinsichtlich des Frageinhalts unterscheidet man Funktionsfragen, Meinungs- und Einstellungsfragen, Überzeugungsfragen, Verhaltensfragen, Wissensfragen und Eigenschaftsfragen.

Normalerweise ist ein Fragebogen folgendermaßen aufgebaut:
- Instruktionstext
- Eröffnungsfrage
- Fragen zum Thema
- Sozialstatistische Fragen.

Die einzelnen Fragen sollen nicht ungeordnet aufeinander folgen, sondern in Form thematischer Blöcke gruppiert werden.

Bevor das Instrument Fragebogen offiziell angewandt wird, ist er einem Vortest zu unterziehen. An einer kleineren Stichprobe wird geprüft, ob er schlüssig aufgebaut ist, die Fragen verständlich sind und das Instrument handhabbar ist.

In der Schulevaluation werden Fragebögen häufig eingesetzt. Teils werden sie selbst konstruiert, teils übernimmt man standardisierte Instrumente wie zum Beispiel das IFS-Schulbarometer (Institut für Schulentwicklungsforschung 2003). Das IFS-Schulbarometer ist ein am Institut für Schulentwicklungsforschung (Universität Dortmund) entwickeltes und erprobtes Instrument zur Erfassung der Schulwirklichkeit. Es bietet der einzelnen Schule die Möglichkeit, eine innerschulische Bestandsaufnahme verschiedener Schulaspekte aus Lehrer-, Schüler- und Elternsicht durchzuführen. Zusätzlich kann diese Bestandsaufnahme mit Daten aus einem repräsentativen Bundesdurchschnitt verglichen werden. Das IFS-Schulbarometer eignet sich zur Selbstevaluation von Schulen und als Impulsgeber für Schulentwicklung. Das Befragungsinstrument enthält einen:
- einen Fragebogen für Lehrerinnen und Lehrer (Teil L)
- einen Fragebogen für Schülerinnen und Schüler (Teil S)
- einen Fragebogen für Eltern (Teil E).

Die einzelnen Items sind als geschlossene Aussagen formuliert, die mit drei- bis sechsstufigen Skalen bewertet werden. Zusätzlich gibt es einige offene Fragen, die frei beantwortet werden können. Verschiedene Fragenbereiche ermöglichen Ist-Soll-Vergleiche, also eine Gegenüberstellung der gegenwärtigen Situation mit einer angestrebten Zielsituation. Darüber hinaus sind bei verschiedenen Frageblöcken direkte Vergleiche der Lehrer-, Schüler- und Elternperspektive möglich.

Das IFS-Schulbarometer muss nicht komplett eingesetzt werden. Es ist möglich, nur jene Fragebogenbereiche zu verwenden, die für die jeweilige Schule von besonderem Interesse sind. Es können auch Fragen verändert und neue Fragen formuliert werden. Diese Modifikationen sind leicht durchzuführen, da zusammen mit dem Fragebogen auch eine elektronische Version auf Diskette mitgeliefert wird.

Ein ebenfalls häufig angewandtes Instrument ist SEIS (Selbstevaluation in Schulen). Es wurde im "Internationalen Netzwerk Innovativer Schulsysteme" (INIS) der Bertelsmann Stiftung entwickelt und erprobt. Und es beruht auf dem gemeinsamen Qualitätsverständnis der am INIS-Projekt beteiligten Schulen.

Ausgerichtet ist SEIS auf folgende fünf Dimensionen der Schulqualität, denen Kriterien und Indikatoren zugeordnet sind:
- Bildungs- und Erziehungsauftrag
- Lernen und Lehren
- Führung und Management
- Schulklima und Schulkultur
- Zufriedenheit.

SEIS (www.das-macht-schule.de) besteht aus Fragebögen für Lehrer, Schüler, Eltern, sonstige Mitarbeiter der Schule und Ausbilder. Darüber hinaus gibt es ein Schulleitungsformular (SLEF), mit dem bereits vorhandene Dokumente, Statistiken und andere qualitätsrelevante Materialien analysiert werden können. Die Fragebogenaktion kann in Papierform oder online durchgeführt werden. Die Untersuchungsdaten sind die Basis für den Evaluationsbericht. Dieser gibt Auskunft über sie Stärken und Schwächen der Schule. Wenn sich diese außerdem vergleichen möchte, werden ihr Durchschnittsdaten von Vergleichsschulen zur Verfügung gestellt.

SEIS informiert auch darüber, wie aus einer Bestandsaufnahme Verbesserungsmaßnahmen abgeleitet werden. Verdeutlicht wird dies durch die Darlegung von Erfolgsfaktoren und durch positive Entwicklungsbeispiele.

Wer einen Fragebogen zum Zweck der Schulevaluation selbst konstruiert, muss zunächst überlegen, welche Meinungen, Einstellungen, Verhaltensweisen und sozialstatistischen Merkmale erfasst werden sollen. Der nächste Schritt besteht darin, eine Grobgliederung anzufertigen. Steht die thematische Struktur fest, kann die Frageformulierung beginnen. Hierfür gibt es Grundregeln, die unbedingt beachtet werden müssen:
- Die Fragen müssen verständlich und dem Adressatenkreis angepasst sein.
- Die Sätze sollen möglichst nicht mehr als 20 Wörter enthalten.
- Die Frage darf sich nur auf einen Sachverhalt beziehen (Falsch: Der Schulleiter ist motiviert und kompetent.). Stattdessen sollte man lieber Einzelfragen stellen.
- Doppelte Verneinungen wie „Sind Sie gegen die Abschaffung der Ziffernzeugnisse?" sind zu vermeiden.
- Die Frage darf dem Befragten nicht eine bestimmte Antwort suggerieren.
- Unrealistische Formulierungen wie „immer", „niemals", „alle", oder „keiner" sind zu vermeiden.

- Wenn Antwortskalen wie „nie – selten – manchmal – häufig – immer" vorgegeben werden, darf die Frage keinen dieser quantifizierenden Wörter enthalten. Beispiel: „Es finden häufig Klassenkonferenzen statt"

Ist die Befragung abgeschlossen, werden die Daten mithilfe einer Statistiksoftware eingelesen und ausgewertet. Ziel ist es, die Datenmenge durch die Errechnung von Häufigkeiten, Prozentwerten, Mittelwerten oder Standardabweichungen überschaubar und interpretierbar zu machen.

Ein besonderer Vorteil der Fragebogenmethode ist, dass die Erhebung Kosten sparend durchgeführt werden kann. Des Weiteren spricht für sie, dass die Befragungsperson mehr Zeit für die Beantwortung der Fragen hat. Von Nachteil ist zum einen, dass die Rücklaufquote häufig niedrig ausfällt, falls keine Nachfassaktionen stattfinden. Zum anderen besteht die Gefahr, dass in der Erhebungssituation andere Personen auf das Antwortverhalten des Befragten Einfluss nehmen.

Fragebogen zur Diagnose der kollegialen Kommunikation und Kooperation

Beurteilen Sie an Hand der folgenden Aussagen die Kommunikation und Kooperation in Ihrem Kollegium. Geben Sie Ihre Meinung durch Ankreuzen an. Sie haben folgende Möglichkeiten:

1 = diese Aussage lehne ich voll ab

2 = diese Aussage lehne ich eher ab

3 = dieser Aussage stimme ich weder zu, noch lehne ich sie ab

4 = dieser Aussage stimme ich eher zu

5 = dieser Aussage stimme ich voll zu

1.	Bei uns herrscht ein gutes kollegiales Grundklima	1	2	3	4	5
2.	Wir haben viel Vertrauen zueinander	1	2	3	4	5
3.	Wir kommunizieren offen miteinander.	1	2	3	4	5
4.	Wenn jemand in Schwierigkeiten gerät, wird er unterstützt.	1	2	3	4	5

5.	Wir nehmen aufeinander Rücksicht.	1	2	3	4	5
6.	Wir pflegen kollegiale Geselligkeit.	1	2	3	4	5
7.	Wir sind kompromissbereit und verzichten auf die rigorose Durchsetzung von Einzelinteressen.	1	2	3	4	5
8.	Wir entlasten uns durch Anteilnahme und Befindensgespräche.	1	2	3	4	5
9.	Wir integrieren rasch neue Kollegiumsmitglieder.	1	2	3	4	5
10.	Von Zeit zu Zeit reflektieren wir über unseren Umgang und unsere Kommunikation.	1	2	3	4	5
11.	Wir haben einen Minimalkonsens, an dem wir unsere pädagogische Arbeit ausrichten.	1	2	3	4	5
12.	Schwierige Disziplinkonflikte analysieren und lösen wir gemeinsam.	1	2	3	4	5
13.	Wir tauschen Konzepte und Materialien aus.	1	2	3	4	5
14.	Wir planen gemeinsam Unterricht.	1	2	3	4	5
15.	Wir führen gemeinsam Unterricht durch.	1	2	3	4	5
16.	Wir werden Unterricht gemeinsam aus.	1	2	3	4	5
17.	Die Werdeprozesse wichtiger Entscheidungen sind bei uns transparent.	1	2	3	4	5
18.	Wir haben einen gut funktionierenden Informationsfluss.	1	2	3	4	5
19.	Aufgaben werden in ausreichendem Maße von oben nach unten delegiert.	1	2	3	4	5
20.	Gute pädagogische Arbeit wird anerkannt und gewürdigt.	1	2	3	4	5

Weiterführende Literaturhinweise

Institut für Schulentwicklungsforschung (Hrsg.): IFS-Schulbarometer. Ein mehrperspektivisches Instrument zur Erfassung von Schulwirklichkeit. Dortmund 2003 (8. Auflage).

Konrad, K.: Mündliche und schriftliche Befragung. Landau 2001 (2. Auflage).

Mayer, H. O.: Interview und schriftliche Befragung. München und Wien 2004.

5.5 Kartenabfrage

„Zur Sammlung von Themen, Fragen, Ideen, Lösungsansätzen ist die Kartenabfrage die Methode schlechthin."

Josef W. Seifert

Die Kartenabfrage ist das Kernstück der Moderationsmethode (Klebert u.a. 1991, Seifert 2000). Dieses auch als Metaplan-Technik bezeichnete Verfahren hat zum Ziel, die Teilnehmerinnen und Teilnehmer aktiv zu beteiligen. Um es zu erreichen, sind erfahrene Moderatorinnen und Moderatoren vonnöten.

Die Kartenabfrage kann in der Schulevaluation eingesetzt werden, wenn es darum geht, Einschätzungen der Schulqualität zu sammeln, auszuwerten und zu einem Gesamtbild zusammenzufügen. Den Teilnehmerinnen und Teilnehmern der Evaluationsveranstaltung werden Leitfragen vorgegeben, die beispielsweise lauten können: Was behalten wir bei? Was wollen wir in Zukunft anders machen? Sie schreiben ihre Antworten stichwortartig mit einem dicken Filzstift deutlich lesbar auf Moderationskarten. Pro Karte darf nur ein Gedanke notiert werden. Um eine Datenflut zu verhindern, ist die Anzahl der Karten pro Teilnehmer zu begrenzen, und zwar auf zwei bis drei.

Die Karten werden vom Moderator vorgelesen und im Konsens mit der Gruppe thematisch auf Pinnwänden gruppiert. Jede Karten-Gruppe erhält einen treffenden Oberbegriff. Anschließend kann eine Gewichtung der Einschätzungen vorgenommen werden. Jeder Teilnehmer bekommt hierfür Klebepunkte. Die Zahl der Klebepunkte wird nach folgender Formel errechnet: Anzahl der Alternativen dividiert durch zwei.

Sehr gut eignet sich die Kartenabfrage, wenn es darum geht, die Stärken und Schwächen einer Schule genauer zu analysieren. Die Stärken-Schwächen-Analyse orientiert sich an zwei Leitfragen:
- Was sind die Stärken unserer Schule?
- Wo liegen die Schwächen unserer Schule?

Aufbauend auf dieser Ist-Analyse wird in einer weiteren Arbeitsphase gemeinsam überlegt, wie die Defizite abgebaut werden können. Ebenfalls nach der Methode der Kartenabfrage werden Verbesserungsideen gesammelt, gruppiert, gewichtet und in ein Verbesserungsprogramm integriert. Abschließend werden Zielvereinbarungen getroffen, beziehungsweise es wird geklärt, wer was wann tut.

Stärken-Schwächenbild eine Grund- und Hauptschule

Stärken

- gutes kollegiales Grundklima
- Offenheit, Hilfsbereitschaft
- Beziehung: Schulleitung-Kollegium
- pädagogisches Engagement
- fachliche Qualifikationen
- Projekttage
- Schulhausgestaltung

Schwächen

- pädagogischer Konsens auf Klassenebene zu gering
- zu wenig Normverdeutlichung/Sozialerziehung
- Mangel an Sekundärtugenden bei Lehrern und Schülern
- zu wenig Lernmethodik-Training, zu viel Stoffvermittlung
- zu wenig fachlicher und pädagogischer Informationsaustausch
- zu wenig Engagement im Bereich des Schullebens
- Kooperation mit dem Eltern nicht intensiv genug

Ablauf einer Stärken-Schwächen-Analyse

1. Einzelarbeit

Bewertung der Schule mit Hilfe folgender Leitfragen:

- Was sind die Stärken unserer Schule?

- Was sind die Schwächen unserer Schule?

2. Kleingruppe

Austausch und Integration der Einzel-Bewertungen

3. Plenum

Präsentation der Kleingruppenberichte

Integration in eine gemeinsame Ist-Analyse

Weiterführende Literaturhinweise

Klebert, K./Schrader, E./Straub, W.G.: ModerationsMethode. Hamburg 1991.

Seifert, J. Besprechungs-Moderation. Offenbach 2000 (6. Auflage).

5.6 SOFT-Analyse

„Die SOFT-Analyse eignet sich zur Standortbestimmung oder auch dazu, Bereiche zu erfassen, die noch unausgesprochen in der Luft sind und die Beteiligten beschäftigen."

Pädagogisches Institut Bozen

Die SOFT-Analyse ist eine organisationsdiagnostische Methode, die von Eck (1981) entwickelt wurde. Wenn eine Schule nicht nur die gegenwärtige Situation, sondern auch die zukünftigen Chancen und Risiken untersuchen möchte, bietet sich diese Methode als Evaluationsverfahren an. SOFT ist das Initialwort für folgende vier Begriffe, denen Leitfragen zugeordnet sind:

Satisfactions

- Was läuft gut?
- Womit sind wir zufrieden?
- Was sind unsere Stärken?

Opportunities

- Wo liegen unsere Chancen?
- Was sollten wir nutzen?

Faults

- Wo sind unsere Schwachstellen?
- Wo gibt es Konflikte?

Threats

- Wo lauern Gefahren?
- Wo könnte es ungünstige Entwicklungen geben?

Diese Fragen werden zunächst in einer Stillarbeit von jeder teilnehmenden Person einzeln beantwortet, und die Antworten werden stichwortartig im SOFT-Formular festgehalten (siehe unten). Danach findet in Kleingruppen ein Austausch der Ergebnisse statt. Am Ende der Gruppenarbeit werden die einzelnen Antworten zu einem Gruppenergebnis synthetisiert. Im Plenum präsentieren und reflektieren die Kleingruppen ihre Arbeitsergebnisse. Aufbauend darauf werden die Gruppenanalysen zu einer Gesamtanalyse zusammengefasst. Diese Gesamtanalyse ist Grundlage für die Planung von Veränderungsmaßnahmen.

Unsere Gegenwart	Unsere Zukunft
Stärken	Chancen
Schwächen	Gefahren

Weiterführende Literaturhinweise

Eck, C. D.: Rollencoaching als Supervision - Arbeit an und mit Rollen in Organisationen. In: Fatzer, G.: (Hrsg.): Supervision und Beratung. Köln 1990.

Schley, W: Change Management: Schule als lernende Organisation. In: Altrichter, H./ Schley, W./Schratz, M. (Hg.): Handbuch zur Schulentwicklung. Innsbruck 1998.

5.7 Dokumentenanalyse

„Inhaltsanalyse knüpft an alltägliche Vorgehensweisen an, ist im grunde nichts weiter als deren Systematisierung."

Helmut Kromrey

Rückschlüsse auf die Gesamtqualität einer Schule oder einzelne Qualitätsmerkmale lassen sich auch aus der Analyse schulischer Materialien ableiten. Ohne eine Person zu befragen, erhält man aus ihren Inhalten Einblick in Strukturen, Prozesse und Ergebnisse.

Die Dokumentenanalyse ist im Grunde genommen das, was in der empirischen Sozialforschung als Inhaltsanalyse bezeichnet wird. Unter Inhaltsanalyse versteht man die systematische Erhebung und Kodierung von sprachlichen Inhalten und anderen Bedeutungsträgern (z.B. Bilder, Filme), aus denen unter dem Gesichtspunkt einer Forschungsfrage Schlüsse gezogen werden. In der Inhaltsanalyse werden bestimmte Bedeutungseinheiten zuvor definierten Kategorien zugeordnet. Die erfassten Bedeutungseinheiten werden bei der qualitativen Inhaltsanalyse vertiefend interpretiert, bei der quantitativen Inhaltsanalyse statistisch ausgewertet.

Nach Mayring (2002) gibt es vier Formen der qualitativen Inhaltsanalyse:
- Zusammenfassende Inhaltsanalyse: Das Material wird in Form eines Kurztextes zusammengefasst.
- Induktive Kategorienbildung: Es werden Kategorien bzw. ein Auswertungsschema gebildet, denen Textinhalte zugeordnet werden.
- Explizierende Inhaltsanalyse: Mithilfe von Hintergrundwissen wird der Inhalt verständlich gemacht.
- Strukturierende Inhaltsanalyse: Das Textmaterial wird nach bestimmten Kriterien gegliedert.

Will man Inhalte quantitativ auswerten, gibt es nach Schnell/Hill/Esser (1999) vier Möglichkeiten:
- Frequenzanalyse: Es wird ausgezählt, wie häufig bestimmte Inhalte auftreten.
- Valenzanalyse: Es wird erfasst, wie bestimmte Begriffe bewertet werden (Positiv, neutral, negativ)
- Intensitätsanalyse: Es wird zusätzlich die Intensität einzelner Bewertungen auf einer Skala eingestuft.
- Kontingenzanalyse: Es wird festgestellt, welche Inhalte wie häufig zusammen mit anderen auftreten.

Für eine Schulevaluation stehen unterschiedliche Dokumentarten zur Verfügung. Je nach Fragestellung eignen sich folgende Dokumente für eine Qualitätsanalyse:
- Schulleitbild
- Schulprogramm
- Schulhomepage
- Schulstatistik
- Geschäftsverteilungsplan
- Haushaltsplan
- Stundenplan
- Konferenzprotokolle
- Rundschreiben
- Klassenbücher
- Korrespondenz
- Jahresberichte
- Schülerzeitung
- SMV-Protokolle
- Klassenarbeiten
- Zeugnisdaten
- Prüfungsdaten
- Vergleichsarbeitsdaten.

Bevor man mit der Dokumentenanalyse beginnt, muss auch geklärt werden, ob datenschutzrechtliche Normen zu beachten sind. Gegebenenfalls müssen auch Anonymisierungen vorgenommen werden.

Die Dokumentenanalyse selbst ist kein spontanes Sichten, sondern verlangt präzise Fragestellungen wie zum Beispiel:
- Wie sparsam geht die Schule mit Energie um?
- Findet nach Konferenzbeschlüssen ein Umsetzungscontrolling statt?
- Wie hoch sind die Ausländeranteile?
- Wie hoch war der Unterrichtsausfall in diesem Schuljahr?

Wichtig ist, dass nicht nur die augenblickliche Datenlage betrachtet wird, sondern auch Datentrends festgestellt werden. So ist es aufschlussreich zu ermitteln, welchen Verlauf die Schülerzahlenentwicklung der letzten Jahre aufweist.

Weiterführende Literaturhinweise

Buhren, C.G./Killus, D./Müller, S.: Wege und Methoden der Selbstevaluation. Ein praktischer Leitfaden für Schulen. Dortmund 1998.

Mayring, P.: Qualitative Inhaltsanalyse: Grundlagen und Techniken. Weinheim: Deutscher Studien Verlag 2002 (8. Auflage).

5.8 Leistungsmessung

„Kein Zweifel: Leistungsmessungen in Schulen werden künftig eine größere Rolle als bisher spielen."

Franz E. Weinert

Bei der Schulqualitätsanalyse müssen die Schulleistungen besonders in den Blick genommen und in einem externen Referenzrahmen betrachtet werden. Für eine solche externe Evaluation stehen zum einen Schulleistungstests zur Verfügung, die es ermöglichen, die Schulleistung einer Person oder einer Gruppe mit der Durchschnittsleistung (Norm) einer externen Bezugsgruppe zu vergleichen (Heller/Hany 2002). Solche Testverfahren werden als normorientierte Tests bezeichnet. Sie lassen sich folgendermaßen gliedern
- Mehrfächertests
- allgemeine Deutschtests
- Lesetests
- Rechtschreibtests
- Rechen- und Mathematiktests
- Tests für naturwissenschaftliche Fächer
- Fremdsprachentests.

Die überwiegende Mehrheit der Schulleistungstests ist nach dem Modell der klassischen Testtheorie konstruiert. Sie besagt, dass es zu jedem Testergebnis einen wahren Testwert gibt, sich bei Testungen ergebende Messfehler nach dem Zufall verteilen und der Testwert sich aus dem beobachteten Wert und dem wahren Wert zusammensetzt. Die klassische Testkonstruktion orientiert sich an folgenden Gütekriterien (Lienert/Raatz 1998):

- Objektivität: Verschiedene Beurteiler gelangen bei demselben Probanden zu dem gleichen Testergebnis. Man unterscheidet zwischen der Durchführungs-, Auswertungs- und Interpretationsobjektivität.

- Reliabilität: Es handelt sich um den Grad der Genauigkeit, mit dem eine bestimmte Leistung oder ein Persönlichkeitsmerkmal gemessen wird. Diese Zuverlässigkeit wird bestimmt mit der Parallel-Testmethode, der Testwiederholungsmethode, der Halbierungsmethode oder der Konsistenzanalyse (die Aufgaben des Tests werden mit dem Gesamtergebnis verglichen).

- Validität: Bei ihr geht es um die Frage, ob der Test tatsächlich auch das misst, was er messen soll. Sie kann ermittelt werden nach der Methode der inhaltlichen Gültigkeit, der Konstruktgültigkeit (Übereinstimmung mit einer Theorie) oder der kriterienbezogenen Gültigkeit.

- Ökonomie: Ein Test ist ökonomisch, wenn nur eine kurze Durchführungszeit erforderlich ist, wenig Material verbraucht wird, er als Gruppentest einsetzbar ist, die Handhabung einfach ist und die Auswertung rasch vorgenommen werden kann.

- Vergleichbarkeit: Ein Test ist vergleichbar, wenn ein oder mehrere Paralleltestformen und validitätsähnliche Tests vorhanden sind. Mit diesen kann man einen bestimmten Probanden untersuchen und die ermittelten Ergebnisse mit einander vergleichen.

- Nützlichkeit: Ein Test ist nützlich, wenn mit ihm ein Merkmal gemessen werden kann, für dessen Untersuchung es ein praktisches Bedürfnis gibt.

- Normierung: Es wird die Verteilung der Testergebnisse in einer großen repräsentativen Stichprobe bestimmt. Sie ist der Maßstab, an dem die Probanden nun gemessen werden.

Die Testkonstruktion beginnt nach dem konzeptionellen Entwurf mit der Aufgabenkonstruktion. Die einzelnen Aufgaben werden in einer Testvorform zusammengefasst, die einer größeren Stichprobe dargeboten wird. Danach findet die Aufgabenanalyse statt. Sie dient vor allem der Ermittlung der Schwierigkeit und der Trennschärfe sowie der ersten Schätzung der Reliabilität und Validität. Unter Schwierigkeit versteht man den Prozentsatz derjenigen, die eine Aufgabe richtig gelöst haben. Die Trennschärfe gibt Auskunft über das Ausmaß, in dem eine Testaufgabe Personen, die einen hohen Gesamttestwert haben, von denen mit niedrigem Gesamttestwert unterscheidet.

Entsprechend den Analyseergebnissen werden nun die tauglichen Aufgaben selegiert. Diese Testendform wird zum Zwecke der Reliabilitäts- und Validitätskontrolle nochmals einer Stichprobe vorgelegt. Auf der Basis der Reliabilität wird auch der Standardmessfehler errechnet, der angibt, in welchem Bereich der wahre Messwert liegt. Wenn diese Kontrolle zufrieden stellend ausfällt, kann der Test geeicht beziehungsweise normiert werden.

Normorientierte, professionell konstruierte Schulleistungstests können in der Schulevaluation eingesetzt werden, wenn die Frage gestellt wird, wie gut die Schulleistungen entwickelt sind. Beispielsweise möchte man wissen, wie gut die Schülerinnen und Schüler einer vierten Jahrgangsstufe rechtschreiben oder rechnen können. Voraussetzung für eine solche Leistungstestung ist allerdings, dass sich das „Curriculum im Test abbildet" (Peek 1991, S. 328). An diesem Kriterium scheitert leider nicht selten der Einsatz normorientierter Testverfahren.

Vergleichende Leistungsmessungen sind auch mit standardisierten Prüfverfahren möglich, die zwar nicht die ganz hohen Anforderungen klassischer Tests erfüllen, aber eine bessere Messqualität aufweisen als Klassenarbeiten. Inzwischen werden die als Diagnose- und Vergleichsarbeiten bezeichneten Mess-

verfahren in allen deutschen Bundesländern als Evaluationsinstrumente eingesetzt. „Einbezogen sind mindestens die Fächer Deutsch und Mathematik, in der Sekundarstufe I überwiegend auch die erste Fremdsprache" (van Ackeren/Bellenberg 2004, S. 139). Die Aufgabenentwicklung muss sich an teststatistischen Grundanforderungen orientieren. Das heißt, dass vor dem offiziellen Einsatz empirisch Evaluationen durchgeführt werden. Dabei sind folgende Fragen zu beantworten:
- Welchen Schwierigkeitsgrad hat die einzelne Testaufgabe?
- Wie gut trennt sie zwischen leistungsstärkeren und leistungsschwächeren Schülern?
- Wie genau wird die Leistung gemessen?
- Wird auch das gemessen, was gemessen werden soll?

Nur wenn diese Fragen positiv beantwortet werden, darf eine Aufgabe in die Diagnose- und Vergleichsarbeit platziert werden. Ihre Ergebnisse liefern Informationen über den relativen Leistungsstand der Schüler. Aus ihren Ergebnissen kann man ersehen, wie ein Schüler innerhalb der Klasse oder wie eine Klasse im Vergleich zu anderen Klassen oder wie eine Schule im Vergleich zu anderen Schulen leistungsmäßig steht. Immer mehr Bundesländer betrachten sie als wichtige Instrumente der Qualitätssicherung und Qualitätsentwicklung. Zum einen vermitteln sie Schülern, Lehrern und Eltern ein Leistungsfeedback, zum anderen lässt sich mit ihrer Hilfe evaluieren, inwieweit die Bildungsstandards im Unterricht tatsächlich auch umgesetzt worden sind.

Eine einfache, aber qualitätsförderliche Form vergleichender Leistungsmessung sind Parallelarbeiten. Konkret bedeutet dies, dass alle Schülerinnen und Schüler einer Jahrgangsstufe in einem Fach zeitgleich eine Klassenarbeit schreiben. Diese wird von den im betreffenden Fach unterrichtenden Lehrpersonen konzipiert und nach gleichen Kriterien korrigiert. Für die Aufgabenkonstruktion stehen orientierende Aufgabenbeispiele zur Verfügung. Die Parallelarbeiten geben darüber Aufschluss, wie weit die fachliche Lernentwicklung im Vergleich mit anderen Klassen vorangeschritten ist.

Weiterführende Literaturhinweise

Helmke, A.: Unterrichtsqualität erfassen, bewerten, verbessern. Seelze: Kallmeyer 2003.

Weinert, F.E. (Hrsg.): Leistungsmessungen in Schulen. Weinheim, Basel, Berlin: Beltz 2001.

5.9 Kreative Methoden

„Ein Bild sagt mehr als 1000 Zahlen."

Pia Bork

Mit quantitativen Verfahren wie zum Beispiel einer Fragebogenuntersuchung lässt sich die Qualität einer Schule nur partiell erfassen. Ein besonderes Manko solcher Verfahren ist, dass die subjektive Erlebnisseite der Personen nicht adäquat zum Ausdruck kommt.

Wer die Seele einer Schule sichtbar machen möchte, muss kreative Methoden einsetzen. Es bieten sich an:
- Zeichnungen
- Collagen
- Skulpturen
- Sketche
- Metaphern
- Fotoevaluation
- Rollenspiele
- Zukunftswerkstatt.

In den Darstellungen verdichten sich die Erfahrungen, die jeder Einzelne mit der zu evaluierenden Organisation gemacht hat. Sie können neue Zugänge eröffnen und unerwartete Sichtweisen aufzeigen.

Am häufigsten angewandt werden Zeichenaktionen. Das heißt, dass die Evaluationsteilnehmer aufgefordert werden, ihre Schule als Bild darzustellen (Fatzer 1993, S. 204ff.). Wie der Einzelne dies tut, bleibt ihm völlig selbst überlassen. Nach der metaphorischen Einzelarbeit werden die Zeichnungen ausgestellt, kommentiert und interpretiert. In der weiteren Auswertung wird herausgearbeitet, wo es Stärken und Schwächen gibt, die von vielen gleich oder ähnlich wahrgenommen werden Aus dieser Schnittmenge ergibt sich das, was man als das Schulbild bezeichnen kann.

Eine andere kreative Übung, die im Kontext von Schulevaluationen immer wieder durchgeführt wird, heißt „Wenn ich in meiner Schule der König wäre" (Fatzer 1993, S. 221). Der Übung liegt die Annahme zugrunde, dass jeder Vorstellungen von einer besseren Schule hat. Man würde sie gerne verwirklichen, wenn man mehr Macht bzw. weniger Angst hätte. Eine sparsame Variante der Übung besteht darin, dass jeder in einer Stillarbeit sich Verbesserungsideen (maximal 3) überlegt, die er umsetzen würde, wenn er der König wäre. Anschließend werden die Ideen nacheinander präsentiert, gruppiert und schließlich auf ihre Umsetzungstauglichkeit überprüft.

Eine weitere empfehlenswerte kreative Evaluationsmethode ist die Fotoevaluation. Mithilfe dieser Methode wird der Lern- und Lebensort Schule, so wie die Schüler und Schülerinnen ihn erleben, bewertet. Sie übernehmen dabei die Rolle des schulinternen Evaluators und Feedbackgebers. Zentrale Leitfragen einer Fotoevaluation sind:

- Wo fühlen wir uns in der Schule wohl?
- Wo fühlen wir uns in der Schule unwohl?

Die Fotoevaluation wird von mehreren Kleingruppen (4-5 Mitglieder) durchgeführt. Vor dem Beginn des Fotografierens entscheidet jede Gruppe, welche Orte sie in welcher Reihenfolge in den Blick nehmen möchte. Um eine Bilderflut zu vermeiden, muss die Anzahl der Orte begrenzt werden. Man kann zum Beispiel vereinbaren, dass vier „Wohlfühlorte" und vier „Schlechtfühlorte" dokumentiert werden.

Wenn die Gruppe einen Ort in Augenschein nimmt, tut sie dies nicht nur fotografisch, sondern sie formuliert auch einen Kommentar. Dieser wird entweder auf ein Tonband gesprochen oder schriftlich festgehalten.

Nachdem die Foto-Tour zu Ende ist, werden die Aufnahmen ausgewertet und zu einer Gruppenpräsentation zusammengefügt.

In einer abschließenden Plenumsveranstaltung präsentieren die Kleingruppen ihre Ergebnisse. Diese werden miteinander verglichen, reflektiert und in eine Gesamtbewertung integriert. Die Fotoevaluation endet damit, dass die Schüler und Schülerinnen überlegen, wie die „Schlechtfühlorte" in „Wohlfühlorte" verwandelt werden können

Es ist ratsam, kreative Evaluationsaktionen von außen begleiten zu lassen. Das Offen-Legen von subjektiven Erlebnisseiten kann nämlich Konflikte erzeugen, die intern nicht immer bewältigbar sind. Deshalb bedarf es eines Prozessbegleiters, der Erfahrung mit solchen Verfahren und Prozessen hat.

Weiterführende Literaturhinweise

Fatzer, G.: Ganzheitliches Lernen. Humanistische Pädagogik und Organisationsentwicklung. Paderborn 1993 (4. Auflage).

Schratz, M./Iby, M./Radnitzky, E.: Qualitätsentwicklung. Verfahren, Methoden, Instrumente. Weinheim und Basel 2000.

5.10 Methoden-Traingulation

„Das Grundproblem zahlreicher empirischer Untersuchungen ist, dass sich die Datenerhebung nur auf ein Erhebungsinstrument stützt."

Helmut Kromrey

Viele empirische Studien bergen die Gefahr einer Ergebnisverzerrung beziehungsweise eines Fehlurteils. Häufig liegt die Ursache in methodenspezifischen, beobachterspezifischen, theoriespezifischen und zielgruppenspezifischen Effekten. Dem kann vorgebeugt werden durch Triangulation. Triangulation heißt, dass ein Phänomen aus unterschiedlichen Richtungen beleuchtet wird. Diese parallele Annäherung an das zu untersuchende Phänomen ist möglich durch
- einen Methodenmix (Methoden-Triangulation)
- den Einsatz mehrerer Feldbeobachter (Beobachter-Triangulation)
- unterschiedliche theoretische Ansätze (Theorie-Triangulation)
- verschiedene Zielgruppen (Stichproben-Triangulation).

Durch den Vergleich und die wechselseitige Überprüfung der gewonnenen Daten gelangt man zu valideren Gesamtbild vom untersuchten Phänomen. Im Bereich der Qualitätsevaluation wird die Methoden-Triangulation am häufigsten angewandt. Wenn eine Schule die Kooperation zwischen Schule und Elternhaus evaluieren möchte, kann sie folgenden Methodenmix vornehmen:
- Fragebogenstudie mit einem standardisierten Erhebungsinstrument
- Gruppeninterviews mit einem Gesprächsleitfaden
- Auswertung von Elternbeiratsprotokollen.

Durch die Verbindung dieser drei Methoden entsteht eine breite Datenbasis. Aufgrund der unterschiedlichen Zugänge zum Evaluationsgegenstand wird verhindert, dass eine einseitige Sicht entsteht.

Liegen die Ergebnisse in Form von Zahlen und Kernaussagen vor, müssen sie miteinander verglichen werden. Möglich ist erstens, dass die Ergebnisse gut übereinstimmen. Zweitens kann es sein, dass die Ergebnisse die Fragebogenanalyse durch die Ergebnisse der Interviewstudie und der Dokumentenanalyse ergänzt und verdeutlicht werden. Und drittens besteht immer die Wahrscheinlichkeit, dass die Ergebnisse sich in starkem Maße widersprechen. Dies hätte zur Folge, dass die Widersprüche durch weitere Erhebungen aufgeklärt werden müssen.

Weiterführende Literaturhinweise

Flick, U.: Triangulation. Wiesbaden 2004

Lamnek, S.: Qualitative Sozialforschung. Weinheim und Basel 2005.

6. Wirksamkeit der Schulevaluation

„Das wichtigste Ziel der schulischen Evaluation ist zweifelsohne die Verbesserung der Qualität der Schule."

Hans-Georg Kotthoff

Schulevaluation ist kein Selbstzweck. Wer Schulevaluation praktiziert, sollte sich der Frage stellen, ob die aus der Bewertung resultierenden Aktionen tatsächlich auch zu besseren pädagogischen Beziehungen und zu besseren Arbeitsergebnissen führen.

In der außerschulischen Qualitätsentwicklung gibt es eine wissenschaftliche Wirkungsforschung, die mit Hilfe empirischer Methoden prüft, ob behauptete Effekte tatsächlich auch erzeugt werden. Die einzelnen Wirksamkeitsstudien werden in größeren Zeitabständen in Form von Meta-Analysen zusammengefasst. Ergebnis dieser Meta-Analysen ist, dass Entwicklungsprozesse sichtbare Änderungen des Arbeitsklimas und der Produktivität erzeugen. Der Leistungsvorteil von Unternehmen mit Entwicklung gegenüber entwicklungsabstinenten beträgt 2:1 (Elke 1999).

In der Schulentwicklung wird die Frage nach der Wirksamkeit auf zwei Ebenen untersucht bzw. beantwortet. Zum einen legen gute Schulentwickler großen Wert darauf, dass die einzelne Schule ihren Entwicklungsprozess regelmäßig bewertet. Hierzu finden Bilanzkonferenzen statt, und zwar vielerorts am Schuljahresende in Form einer Bilanzkonferenz. Die zentralen Bilanzfragen lauten:
- Welche Entwicklungsziele konnten wir erreichen?
- Welche Entwicklungsziele konnten wir nicht erreichen? Warum?
- Was sind die nächsten Schritte?

Zum anderen sollten auch die Qualitätsentwicklungsprozesse größerer Schulregionen regelmäßig evaluiert werden. Im Jahre 1998 führte ich (Keller 1999) eine solche Evaluation im Oberschulamtsbereich Tübingen durch. Grundlage der statistischen Auswertungen waren 230 Kleingruppenberichte, die in den Plenumsphasen zu einer Ist-Analyse bzw. einem Änderungsprogramm zusammengefügt wurden. Dabei ergab sich folgendes Ergebnisbild:

Ist-Analyse/Stärken

- gutes kollegiales Grundklima   77%
- Schulmanagement   64%
- pädagogischer Freiraum   59%
- pädagogisches Engagement   59%
- pädagogische Kompetenzen   50%
- außerunterrichtliche Veranstaltungen   50%
- Schülerpotential   41%

- Projekttage, Projekte 36%
- kooperative Schulleitung 32%
- materielle Ausstattung 32%
- Kooperation mit dem Elternhaus 32%
- Fortbildungsbereitschaft 32%
- Vertrauenskultur 27%
- Überschaubarkeit 27%

Ist-Analyse/Schwächen

- zu wenig pädagogischer Grundkonsens 82%
- Inkonsequenz 73%
- mangelhafte Konferenzkultur 66%
- lehrerzentrierter Unterricht 59%
- zu wenig Lernmethodik-Training 59%
- zu wenig soziales Lernen 55%
- Einzelkämpfertum 55%
- hoher Problemschüleranteil 54%
- zu altes Kollegium 45%
- unbefriedigende materielle Situation 41%
- schlechter Kommunikationsstil 41%
- zu unterschiedliches Engagement 36%
- zu wenig außeruntersichtliche Veranstaltungen 36%
- zu wenig Anerkennung und Wertschätzung 32%
- zu wenig Transparenz und Information 32%
- organisatorische Mängel 32%
- zu wenig Kooperation mit dem Elternhaus 23%
- zu starker Elterneinfluss 14%
- zu wenig SMV-Arbeit 14%

Änderungsprogramm

- mehr pädagogischer Grundkonsens 68%
- Verbesserung der Konferenzkultur 64%
- mehr soziales Lernen 64%
- mehr Konsequenz 55%
- mehr Lernmethodik-Training 55%
- Verbesserung des Kommunikationsstils 50%
- schüleraktivere Unterrichtsformen 45%
- Verbesserung der materiellen Situation 45%
- mehr Anerkennung besonderer pädagogischer Leistungen 32%
- mehr Fachkonferenzen 27%
- mehr außeruntersichtliche Veranstaltungen 27%
- Intensivierung der Elternarbeit 27%

- mehr Transparenz und Information 27%
- Behebung organisatorischer Mängel 23%
- Intensivierung der SMV-Arbeit 9%

Als besondere Stärken kristallisierten sich das kollegiale Grundklima und das Schulmanagement heraus. Geschätzt wurde auch der pädagogische Freiraum. Und manche Schulen bewerteten den außerunterrichtlichen, schulkulturellen Bereich sehr positiv.

Nicht überall, aber vor allem in den Gymnasien war man mit dem Schülerpotenzial relativ zufrieden. Mancherorts wurden die Ausstattung und Übersichtlichkeit der Schule hervorgehoben.

Einige Kollegien sahen ihre besondere Stärke in der Kooperation mit der Schulleitung, in der Elternarbeit sowie in der Kultur des gegenseitigen Vertrauens.

Bei den Defiziten fiel der Mangel an Konsens hinsichtlich der pädagogischen Ziele und des pädagogischen Handelns am stärksten ins Gewicht. Diese Selbstkritik betraf sowohl das Lehrerteam einer Klasse als auch das gesamte Kollegium. Eine zentrale Ursache hierfür sahen die Kollegien in einer mangelhaften Konferenzkultur (zu wenig Abstimmung und Austausch in der Klassenkonferenz, zu leiterzentrierte Konferenzarbeit, zu wenig pädagogische Themenanteile in Gesamtlehrerkonferenzen). Eine weitere Ursache lag für sie im Einzelkämpfertum.

Erstaunlich häufig wurde auf das Problem der Inkonsequenz hingewiesen. Diese beobachtete man sowohl in disziplinschwierigen Erziehungssituationen als auch bei der Umsetzung von Konferenzbeschlüssen. Stärker in der Kritik befanden sich auch die Lernförderung, die Sozialerziehung und die Unterrichtsmethodik (zu lehrerzentriert).

Nicht selten sah man die pädagogische Arbeit durch Kommunikationsfehler auf den Beziehungsebenen Lehrer-Lehrer und Lehrer-Schulleitung erschwert. Manche Kollegien wünschten sich vom Schulleiter mehr Anerkennung für besondere pädagogische Leistungen und mehr Transparenz im Werdeprozess wichtiger Schulentscheidungen.

Was das Schülerverhalten betraf, wurde vor allem von Grund- und Hauptschulen auf einen hohen Problemschüleranteil hingewiesen.

Einige Schulen waren unzufrieden mit der Schulumwelt, der Schulausstattung, dem Schulleben und der Kooperation mit dem Elternhaus. Nur sehr wenige Kollegien beurteilten die SMV-Arbeit negativ.

Diejenige Maßnahme, die am häufigsten aus der Bestandsaufnahme abgeleitet wurde, war die Herstellung eines pädagogischen Ziel- und Handlungskonsenses. Zum einen sollte dieser realisiert werden auf Klassenebene durch Zielvereinbarungen am Schuljahresbeginn, durch Bestandsaufnahmen während des Schuljahres und durch gemeinsame Konfliktlösungen. Zum anderen wollte man auf Schulebene mehr Zielklarheit schaffen durch ein gemeinsames pädagogisches Konzept. Hierzu beitragen sollten teilnehmeraktivere Gesamtlehrer-

konferenzen mit mehr pädagogischen Themenanteilen.
In der Gesamtlehrerkonferenz wollte man auch regelmäßig "Wetterberichte" durchführen, die der Verbesserung der Kommunikation dienen.
Im Unterricht sollte die Vermittlung methodischer und sozialer Kompetenzen intensiviert werden. Etwas geringer fiel die Bereitschaft zur Anwendung neuer, schülerzentrierter Unterrichtsformen aus, insbesondere in Gymnasien.
Mancherorts gehörten auch organisatorische Verbesserungen zum Programm (z.B. Zeitstruktur, Lehrauftragsverteilung).
Einige Schulen hielten Maßnahmen zur Aktivierung der Elternarbeit, der SMV-Arbeit und des Schullebens für notwendig.

Wenn eine Schule sich auf den Weg der Selbsterneuerung begibt und ihr Änderungsprogramm konsequent und kontinuierlich umsetzt, kann es über kurz oder lang zu entscheidenden Verbesserungen des Arbeitsklimas und der pädagogischen Leistungen kommen. Diese dauern lange an. Über 80% der Veränderungen bleiben auch nach sechs Jahren erhalten (Reynolds 1991).
Was sich konkret verändert und was die Weiterentwicklung erschwert, habe ich genauer zu eruieren versucht. Grundlage der Wirkungsanalyse waren 51 Zwischenbilanzprotokolle, die im Zeitraum 1995-1998 im Rahmen von Schulentwicklungsprozessen der oben genannten Schulen angefertigt wurden. Die Auswertung erbrachte im Blick auf die umgesetzten Maßnahmen zur Qualitätsverbesserung folgendes Bild:

- Verbesserungen der Erziehungs- und Unterrichtsarbeit 88%
- mehr pädagogischer Konsens auf Klassenebene 65%
- bessere Kommunikation der Schulpartner 51%
- teilnehmeraktivere Gesamtlehrerkonferenzen 37%
- mehr außerunterrichtliche Aktivitäten 25%
- mehr Elternaktivierung 24%
- organisatorische Verbesserungen 24%
- mehr Transparenz und Information 22%
- mehr Öffentlichkeitsarbeit 16%
- Verbesserung der materiellen Situation 16%

Nirgendwo in den menschlichen Institutionen und Gruppen lassen sich Innovationen problem- und mühelos umsetzen. Die Gewohnheit ist zunächst ein Goliath und die Veränderungsbereitschaft ein David. Vor diesem Hintergrund sind die Kollegien in den Bilanzsitzungen auch gefragt worden, welche Schwierigkeiten im Änderungsprozess aufgetreten sind:

- Zeitmangel 76%
- Projektmanagement 47%
- unterschiedliches Engagement 47%
- Widerstand einzelner Personen und Gruppen 43%
- Abschied vom Einzelkämpfertum 41%
- schlechte materielle Bedingungen 39%

- unterschiedliche pädagogische Auffassungen   29%
- Angst vor Offenheit   27%

Am Ergebnisbild fällt auf, dass die intensivste Umsetzung im Kernbereich der Schule erfolgte, nämlich in der Erziehungs- und Unterrichtsarbeit. Die Änderungsbemühungen konzentrierten sich auf die Förderung der Methoden- und Sozialkompetenz.

Vielerorts gelang es, die Konferenzkommunikation und die informelle Kommunikation zu verbessern. Eine neue Besprechungskultur, so ein deutliches Ergebnis, ermöglichte die Entwicklung eines pädagogischen Konsenses und Konzeptes - sowohl auf der Klassenebene als auch auf der Schulebene. Zwar nicht im gleich intensiven, aber dennoch in deutlich sichtbarem Maß wurde an der Förderung der Schulkultur und der Kooperation mit dem Elternhaus gearbeitet, vor allem dort, wo diesbezüglich in der Ist-Analyse Defizite festgestellt wurden.

Das größte Umsetzungshindernis war der Zeitmangel. Er wurde dort am häufigsten genannt, wo sich die Schule ein umfangreiches Änderungsprogramm vorgenommen hatte. Mancherorts als problematisch erwies sich auch die Koordination der einzelnen Entwicklungsaktivitäten. Zu wünschen übrig ließ bisweilen die Klärung der Verantwortlichkeiten und die Kontrolle der Aufgabenerledigung. An nächster Stelle wurden Störungen in der Entwicklungsmotivation genannt. Nicht alle Lehrpersonen konnten das gleiche Quantum an Zeit investieren, vor allem solche, die durch Familien und Berufstätigkeit doppelt belastet waren. Und andere wiederum brachten sich zu wenig ein, weil sie den Änderungszielen und der Änderungsarbeit negativ gegenüberstanden. Das heißt, sie zeigten Widerstand.

Immer wieder betont wurde, dass der Abschied vom Einzelkämpfertum schwer fiel und Teamarbeit erst gelernt werden musste, bevor eine wirksame kooperative Arbeit möglich wurde. Nicht leicht fiel auch die Integration der persönlichen pädagogischen Auffassungen in einen gemeinsamen pädagogischen Konsens.

Eine zweite Qualitätsprozessevaluation führte ich 1998-2000 durch (Keller 2000). Adressaten waren Lehrerinnen und Lehrer, deren Schulen sich seit längerem in einem Entwicklungsprozess befanden. Hierzu wurde ein Fragebogen entwickelt, in dem wichtige Evaluationskriterien operationalisiert sind. Die Lehrerinnen und Lehrer wurden darum gebeten, den Entwicklungsprozess insgesamt zu beurteilen, ihre Entwicklungsmotivation einzuschätzen und die Auswirkungen auf die pädagogische Arbeit, die Kommunikation und Kooperation, die Konferenzkultur, die organisatorischen Abläufe, die Schulumwelt, die Schulidentifikation und das Lern- und Sozialverhalten der Schülerinnen und Schüler zu bewerten. Außerdem sollten sie angeben, welche Schwierigkeiten im Prozessverlauf aufgetreten sind. Schließlich wurden sie aufgefordert, die externe Beratung zu beurteilen. Die Beantwortung erfolgte anonym. Erzielt wurde eine Rücklaufquote von 57%.Die Stichprobe umfasste 122 Lehrerinnen und Lehrer, die an 10 Schulen unterrichten. Es handelte sich um 3 Grund- und Hauptschulen, 3 Realschulen, 1 Grundschule, 1 Förderschule, 1 Gymnasium und 1 Berufsschule.

Auch in dieser Studie konnte nachgewiesen werden, dass systematische Qualitätsentwicklung sowohl das pädagogische Arbeitsklima als auch die pädagogischen Leistungen in deutlichem Maße verbessern hilft.

Erstaunlich ist, dass die Wirksamkeit der Schulevaluation und Qualitätsentwicklung bisher eher selten untersucht worden ist. Kotthoff (2003) konstatiert in seiner Studie „Bessere Schulen durch Evaluation?" ein empirisches Untersuchungsdefizit. Seine Recherchen haben ergeben, dass ein Großteil der Analysen Fallstudien zur externen Schulevaluation sind. Durchgeführt wurden sie großenteils in England, dem Mutterland der systematischen Schulinspektion.

Eine der wenigen quantitativen Erhebungen stammt von Ouston (1996). Die befragten Schulleiter meldeten mit überwiegender Mehrheit (94%) zurück, dass sich die externe Evaluation qualitätsförderlich ausgewirkt habe. In einer späteren Meta-Analyse quantitativer und qualitativer Studien stellen Ouston u.a. (1999) fest, dass die aus den externen Evaluationen abgeleiteten Verbesserungsprogramme innerhalb von 18 Monaten umgesetzt wurden.

Aufschlussreich ist auch der Befund, dass die Schulinspektion die stärkste qualitätsoptimierende Wirkung in qualitativ problematischen Schulen zeitigt (Kotthoff 2003, S. 383). Wenn dem tatsächlich so ist, dann sind die nicht geringen Investitionen in die Schulinspektion lohnenswert.

Für die qualitätsförderliche Wirkung der Schulinspektionen spricht auch die Tatsache, dass sich in England im Verlauf der neunziger Jahre die Prüfungsleistungen in den nationalen Tests deutlich verbessert haben (Gray 1999). Regelmäßige, extern durchgeführte Leistungstests und daraus resultierende Leistungsvergleiche scheinen auf die einzelne Schule leistungssteigernd zu wirken.

Eher kritisch sieht die Schweizer Bildungsforscherin Margrit Stamm (2003) die Wirkungen der Schulevaluation. In einer umfangreichen empirischen Arbeit konnte sie nachweisen, dass Schulevaluation nicht a priori wirksam ist. Die Umsetzung bzw. Nutzung der Evaluationsergebnisse im Hinblick auf eine deutlich erkennbare Qualitätsverbesserung ist viel schwieriger, als in der Qualitätspolitik propagiert. Sie kommt zum Schluss, dass die Schulevaluation ihrem hohen Anspruch noch nicht entsprechen konnte.

In den letzten Jahren versuchte man die Wirksamkeit der Schulevaluation oft mit der Argumentation zu beweisen, dass Länder, in denen regelmäßig selbst- und fremdevaluiert werde, in der Schulleistungsstudie PISA besser abgeschnitten hätten. Diese Feststellung trifft auf gut platzierte europäische Länder und auf Kanada zu. Nicht zutreffend ist diese Begründung mit Blick auf Japan und Südkorea. Dort gibt es nach wie vor ein traditionelles Aufsichtssystem, das auf strikte Leistungskontrolle ausgerichtet ist. Die schulische Leistungsförderung wird mit einem massiven Drill betrieben, dessen Negativwirkungen sich an sehr hohen kinder- und jugendpsychiatrischen Erkrankungsraten ablesen lassen.

7. Exkurs: Ethik der Schulevaluation

„Wenn über das Grundsätzliche keine Einigung besteht,
ist es sinnlos, miteinander Pläne zu schmieden."

Konfuzius

Wer Qualitätsmanagement mittels Evaluationsinstrumenten in die Schulen einführen will, muss immer auch die normative Ausrichtung reflektieren. Das bedeutet, dass die Grundlage für eine zu wählende Qualitätsmanagementkonzeption und für die einzusetzenden Instrumente festgelegt wird. Gerade in einer individualisierten und wertpluralen Gesellschaft ist eine solche Voraussetzung notwendig. „Konfligierende Werte aus unterschiedlichen Bereichen oder innerhalb eines Bereiches provozieren in Evaluationsverläufen Konfliktsituationen unterschiedlicher Schweregrade, die im Hinblick auf die Lösbarkeit zwischen allen Stakeholders unter Einschluss des Evaluationsteams auszuloten sind" (Gastager/Patry 2006, S. 109). Gerade im normativ ausgerichteten Bildungssystem ist eine Reflexion über die Grundlagen von Konzepten und Vorgehensweisen außerordentlich wichtig. Terhart betont die drei unterschiedlichen Zugangsweisen zur Bestimmung von Qualität: „Die normative, die empirische und die analytische" (Terhart 2000, S. 816), die als komplementär zu betrachten sind und die bei der Schulevaluation systematisch aufeinander bezogen werden müssen. Keine der genannten Zugangsweise genügen für sich allein, sie müssen alle drei bei der Feststellung von Qualität beachtet werden.

Die Gefahr besteht, dass bei einer zentral-administrativ eingeführten betriebswirtschaftlich ausgerichteten Qualitätskonzeption die empirische und die analytische Zugangsweise zur Qualitätsbestimmung dominieren vor der grundlegenden normativen Reflexion. Geschieht dies, befinden wir uns nicht in einem lernenden Kontext, sondern in einem hierarchisch-bürokratischen System.

Aus diesen Überlegungen heraus habe ich am Jahr 2000 im Oberschulamt Tübingen zusammen mit Frau Professorin Dr. Ammicht-Quinn von der Universität Tübingen einen Ethik-Arbeitskreis initiiert, der bis zur Integration des Oberschulamts in das Regierungspräsidium Tübingen Bestand hatte und innerhalb dessen alle relevanten Fragen der Bildungsarbeit reflektiert wurden. Dem Arbeitskreis lag die Idee von der Notwendigkeit eines Lernenden Systems Schule und Schulverwaltung als Einheit und mit reflektierter ethischer Orientierung zugrunde. Experten aus der Universität Tübingen, der Pädagogischen Hochschule Weingarten, aus den Lehrerausbildungsseminaren, aus den Schulen und der Schulverwaltung trafen sich regelmäßig und arbeiteten an grundlegenden Fragen, wozu Beispiele und allgemeingültige Antworten gesucht wurden. Die Arbeit wurde dokumentiert, in Fortbildungskonzepte transformiert und multipliziert.

Mit Blick auf eine bevorstehende Verwaltungsreform hat sich die Gruppe im Jahr 2004 mit „Bildungsstrukturen und Ethik" befasst und dazu einen Text verfasst, der als Diskussions- und Reflexionsgrundlage auf allen Ebenen von Unterricht, Einzelschule, Schulverwaltung oder Politik dienen kann.
Dies ermöglicht einen Wertediskurs, der z. B. an einer Einzelschule zu einem Leitbild, zu Grundsätzen für ein Schulprogramm oder zu Vereinbarungen zwischen den verschiedenen Personengruppen führen kann.

Die Arbeitsgruppe ist davon ausgegangen, dass es von Bedeutung ist, in welchem Kontext Qualitätsmanagementsysteme oder Evaluationsinstrumente eingesetzt werden, dass es von Bedeutung ist, von welchem Menschenbild, von welchen Grundwerten aus gehandelt wird und dass gerade der Bildungsbereich spezifische Strukturen erfordert, wo andere sich aufgrund der normativen Ausrichtung quasi von selbst verbieten. Die Gruppe hat insbesondere an Fragestellungen gearbeitet, die Antworten bei den Betroffenen provozieren sollen. Die Betroffenen sind somit Beteiligte am Geschehen und gestalten ihre schulische Situation selbst. Diese Vorgehensweise entspricht dem Konzept der partizipativ und dialogisch arbeitenden Lernenden Organisation, bei dem Menschen ernst genommen und wertgeschätzt werden und bei dem die Eigenverantwortung auf allen Ebenen ein wesentliches Ziel darstellt.

Nach meiner Überzeugung kann es für schulisches Qualitätsmanagement und Evaluation in der Schule keinen anderen Ansatz geben als den, den Menschen in den Mittelpunkt zu stellen, seine positiven Potentiale zu sehen und die Dinge so zu gestalten, dass Entfaltung, Entwicklung und Freude ermöglicht werden gemäß dem Gedanken von Elias Canetti:

„Jeder ist ein Mittelpunkt der Welt, aber eben jeder, und nur weil die Welt von solchen Mittelpunkten voll ist, ist sie kostbar. Das ist der Sinn des Wortes Mensch: Jeder ein Mittelpunkt neben unzähligen anderen, die es ebenso sehr sind wie er".

Bildungsstrukturen und Ethik
Statt Antworten, die keiner hat, einige Fragen

„Wir philosophieren nämlich nicht, um zu erfahren, was ethische Werthaftigkeit sei, sondern um wertvolle Menschen zu werden. Sonst wäre dieses Philosophieren ja sinnlos" (Aristoteles).

Die aktuelle Situation
Die Schulen und der gesamte Bildungsbereich befinden sich im Umbruch. Diese Entwicklungsphase – zugleich ein gesellschaftlicher, verwaltungspolitischer und bildungs-interner Umbruch - ist mit hohen Belastungen und Verunsicherungen verbunden. Unterschiedliche und zum Teil konkurrierende Erwartungen bewegen alle Beteiligten des Bildungsbereichs: Hier sollen, bitte, die Probleme gelöst werden, die uns als einzelne und als Gesellschaft bedrücken.

Verantwortung und Eigenständigkeit
In jedem Umbruch wird unsere Handlungssicherheit in Frage gestellt.
Eine immer komplexer werdende und vernetzte Welt, in der nicht eines für alle ‚richtig' ist, verlangt nach Übernahme von Verantwortung *am jeweiligen Handlungsort* und nicht nach einem Verschieben von Verantwortung innerhalb eines hierarchisch gedachten Systems nach ‚oben' oder nach ‚unten'. Die Entwicklung der Schulen hin zur operativen Eigenständigkeit ist damit eine Antwort auf die aktuelle Situation. Systemisches Denken gewinnt gegenüber linearem und hierarchischem Denken zunehmend an Bedeutung.

Fragen nach Identität und Handlungssicherheit
Wer aber soll für wen und in welcher Weise Verantwortung übernehmen?
Eine Antwort auf diese Frage kann nur im Dialog aller Beteiligten gefunden werden. Ein hier erreichter Konsens lässt Handlungssicherheit gewinnen. Zugleich stellt sich durch die Eigenständigkeit der Schulen und die neue Situation der Schulverwaltung immer dringlicher die Frage nach deren *Identität*, nach deren Unterscheidbarkeit, nach dem Ort, an dem sie im Alltäglichen wie auch im Besonderen ein eigenes Profil entwickelt. Ein Konsens in Verantwortungs-Fragen ist ein wesentlicher Schritt in Richtung einer eigenen Identität.

Gefahren
In der momentanen Situation liegt es immer wieder nahe, diese Fragen nach Identität und Verantwortung auf Funktion und Funktionalität zu beschränken. Sind aber Schulen und Verwaltungen, die ‚funktionieren', das erste und vordringlichste Ziel? Dagegen spricht, dass pädagogisches Handeln nicht in purer Funktionalität aufgehen kann. Bildung kann nicht ‚gemacht' werden. Die Identität einer pädagogischen Institution übersteigt deren – notwendige – Funktionalität. Denn Identitätsfragen sind immer auch moralische Fragen. Wer oder was eine Person oder eine Institution sein will, hängt entscheidend von dem ab, was als sie als ‚gut' und ‚richtig' versteht und erkennt.

Ethik der Strukturen
Die ethische Ausrichtung einer solchen Institution kann und darf nicht autoritär angeordnet werden. Eine verordnete Identität ist keine. Wir brauchen eine Ethik der Strukturen.
Diese ethische Ausrichtung ist mehr als der gute Wille einzelner; sie ist das reflektierte ‚Wie' des Umgangs mit Menschen, Sachen und Inhalten. Wenn das institutionelle Handeln, die Verfahrensregeln von Schule und Schulverwaltung dadurch geprägt sind, dann kann deutlich werden, dass die Unverfügbarkeit und Einmaligkeit der Person die Voraussetzung jeder Bildungsarbeit ist.

Identitätsfragen als moralische Fragen
Identitätsfragen als moralische Fragen kommen auf zwei Ebenen an die ‚Oberfläche' einer Schule, einer Verwaltungseinheit, einer Bildungsinstitution:

- auf der *Ebene des Alltagsethos*, das die Atmosphäre, das alltägliche Zusammenleben bestimmt; hier können Formen der Rücksicht und des Respekts, der Wertschätzung und Anerkennung oder aber Formen wechselseitiger Überforderung, Nichtachtung und gewollter und ungewollter Missachtung zur Gewohnheit werden;
- und auf der *Ebene konkreter ethischer Fragen*, die dann zu bewältigen sind, wenn Werte miteinander in Konflikt geraten – Gleichheit und Gerechtigkeit, Kritik und Anerkennung, Fürsorge und Anleitung zu Selbständigkeit, Sorge für den Einzelnen und Sorge für die Gemeinschaft.

Diese Fragen sind immer da und werden auch immer beantwortet – in der Regel durch alltägliches Handeln. Wir möchten Schulen dazu ermutigen, diese Fragen „sichtbar" zu machen und zu bearbeiten.

Der Arbeitskreis „Schule und ethische Bildung" am Oberschulamt und später am Regierungspräsidium Tübingen, Abt. 7 – Schule und Bildung, zu dem Lehrerinnen und Lehrer, Schulleiter, Seminarleiterinnen und Seminarleiter, Vertreter der Schulverwaltung, der Pädagogischen Hochschulen und der Universität, sowie weiterer mit Ethik und Pädagogik befassten Einrichtungen gehören, hat sich mit einer „Ethik der Strukturen" befasst. Das Ergebnis sind nicht Lehrsätze, sondern „sichtbar" gewordene Fragen, die auf ethische Grundlagen des schulischen Handelns zielen. Es sind Fragen, die uns angeregt haben und von denen wir hoffen, dass andere sich durch sie anregen lassen.

Diese nachfolgenden Aneinanderreihungen von Fragen verstehen sich als Angebot und Anregung.

Je nach Situation, Zeit, Selbstverständnis, Betroffensein, Bedarf und Lust bieten sich drei Zusammenhänge von Diskussionsanstößen an:

- **„Ethik für Eilige"** will in aller Kürze Kommunikation und Diskussion über den Bereich, der *hinter* dem Funktionieren und der Funktionalität von Schule liegt, anstoßen;
- **„Ethik für Entschlossene"** könnte – mit etwas mehr Zeit – Ausgangsort für einen Prozess sein, der in einem Leitbild die Vision der Schule zu erarbeiten hilft;
- Während sich die beiden anderen Ebenen primär an die Lehrenden wenden, versucht **„Ethik für alle"**, die anderen am Schulleben Beteiligten mit einzubeziehen und Schule als Ganzes in den Blick zu nehmen.

Wir wünschen Ihnen eine lebendige und fruchtbare Erfahrung mit dem Reflektieren, Beantworten, Diskutieren, Verändern oder Verwerfen der folgenden Fragen.

Für den Arbeitskreis „Schule und ethische Bildung":

Prof. Dr. Regina Ammicht Quinn, Dr. Elisabeth Egerding, Julia Dietrich, Koordinatorin des Arbeitsbereichs Schule und Bildung, IZEW, Universität Tübingen; Dr. Hans-Jürgen Dobler, Oberstudiendirektor, Schulleiter am Carlo-

Schmid-Gymnasium Tübingen; Monika Fuchs, Institut für Bildung und Ethik, PH Weingarten; Dr. Günther Gebhardt, Stiftung Weltethos, Tübingen; Fritz Gugel, Schulpräsident Tübingen; Claudia Guggemos, wissenschaftliche Mitarbeiterin, Fachdidaktik am Lehrstuhl für Religionspädagogik (Prof. Biesinger), Katholisch-theologische Fakultät der Universität Tübingen; Dr. Dr. h.c Doris Knab, Universitätsprofessorin i.R., Tübingen; Erhard Holler, Verband der Beratungslehrer in Baden-Württemberg; Margarete Knödler-Pasch, Studiendirektorin Kepler-Gymnasium Tübingen, Kontakt-Fachberatin Ethik, Schulentwicklung / Prozessbegleitung; Josef Knoll, Förderverein „Nachhaltige Bildung und Schulentwicklung"; Prof. Dr. Peter Kliemann, Staatliches Seminar für Didaktik und Lehrerbildung (Gymnasien) Tübingen, Fachbereich Religion - Ethik – Philosophie; Ella Krauß, Direktorin des Staatlichen Seminars für Didaktik und Lehrerbildung (Realschulen) Reutlingen; Dr. Margret Ruep, Schulpräsidentin Stuttgart, ehemalige Oberschulamtspräsidentin Tübingen; Ulrich Sambeth, Projektleitung Netzwerkaufbau, RP Tübingen, Referat 77; Ulrike Schönthal, Wildermuth-Gymnasium Tübingen; Christian Schenk, Gymnasium Ebingen; Dr. Stefanie Schnebel, Erziehungswissenschaft, Pädagogische Hochschule Weingarten; Fritz Sperth, Schulleiter Hauptschule Innenstadt Tübingen.

Zum Nachdenken (& Diskutieren)

1. Nehmen wir an, Sie sprechen mit einem Journalisten oder einer Journalistin über Ihre Arbeit.
   Wonach möchten Sie gern gefragt werden?
2. Wie gehen sie um mit Vorgaben, die Sie nicht akzeptieren oder nicht für sinnvoll halten?
3. Welche Erwartungen von außen erfüllen Sie gerne? Welche halten sie für unsinnig? Überzogen? Richtig, aber belastend?
4. Nach welchen Maßstäben machen Sie Ausnahmen?
5. Wenn Sie die Macht und die Mittel hätten, ab morgen Ihr berufliches Umfeld (z.B. Unterricht und die Lernumgebung) nach Ihren Vorstellungen zu gestalten, was wären Ihre ersten fünf Maßnahmen?

Ethik für Eilige

Zum Nachdenken (& Diskutieren)

6. Nehmen wir an, Sie sprechen mit einem Journalisten oder einer Journalistin über Ihre Arbeit.
   Wonach möchten Sie gern gefragt werden?
7. Wie gehen sie um mit Vorgaben, die Sie nicht akzeptieren oder nicht für sinnvoll halten?

8. Welche Erwartungen von außen erfüllen Sie gerne? Welche halten sie für unsinnig? Überzogen? Richtig, aber belastend?
9. Nach welchen Maßstäben machen Sie Ausnahmen?
10. Wenn Sie die Macht und die Mittel hätten, ab morgen Ihr berufliches Umfeld (z.B. Unterricht und die Lernumgebung) nach Ihren Vorstellungen zu gestalten, was wären Ihre ersten fünf Maßnahmen?

Zum Weiterdenken (& Widersprechen)

Anstatt nur vernünftig zu sein, bemüht euch
einen Zustand zu schaffen, der die Unvernunft der einzelnen
zu einem schlechten Geschäft macht!

Bertolt Brecht

Ethik für Entschlossene

1. Einstiegsphase: gemeinsames Gespräch über gemeinsame Fragen

Kurzbeschreibung „Fragerichtung"		
Was „brennt unter den Nägeln?"	1.1	Nehmen wir an, Sie sprechen mit einem Journalisten oder einer Journalistin über Ihre Arbeit. Wonach möchten Sie gern gefragt werden?
Notwendigkeit zur Veränderung	1.2	Wenn Sie die Macht und die Mittel hätten, ab morgen Ihr berufliches Umfeld (z.B. Unterricht und die Lernumgebung) nach Ihren Vorstellungen zu gestalten, was wären Ihre ersten fünf Maßnahmen?
Umgang mit (vermeintlichen) Selbstverständlichkeiten	1.3	Welche von den Selbstverständlichkeiten, die Sie kennen, sind vielleicht gar nicht so selbstverständlich, wie es scheint – und warum?
Der Blick von außen	1.4	Wenn ein Außerirdischer Sie bei der Arbeit beobachten könnte: Was würde er sehen?
Neugier und Innovationspotential	1.5	Wann haben Sie zum letzten Mal etwas zum ersten Mal getan?

2. Diskussionsforum: heißere Eisen und persönliche Stellungnahmen

Kurzbeschreibung „Fragerichtung"		
Wo liegt Konfliktpotential?	2.1	Was, glauben Sie, nehmen Eltern Ihnen eher übel: fehlerhafte Arbeit bei der Vermittlung von Fachwissen oder Respektlosigkeit im Umgang mit ihren Kindern? Oder hängt für Sie beides zusammen?
Wo lauert die Gefahr von Doppelbotschaften / nicht eindeutigen Aussagen?	2.2	Unter welchen Umständen halten Sie die Gefahr, dass Kommunikation missglückt, am größten?
Konfliktverhalten	2.3	Wenn Sie in einem Konflikt stehen, haben Sie dann Zeit / Freiheit, um sich die Perspektiven der jeweils anderen vorzustellen?
	2.4	Wie entscheiden Sie, wer von einem Konflikt / Ihrer Entscheidung in einem Konflikt erfahren soll?
	2.5	Würden Sie einen Konflikt anders entscheiden, wenn Sie dabei von ✓ Ihren Vorgesetzen ✓ Ihren Untergebenen ✓ Ihren nächsten Angehörigen ✓ der gesamte Öffentlichkeit beobachtet werden könnten?
Flexibilität im Umgang mit Unvorhergesehenem	2.6	Was macht Sie sicher im Umgang mit Verunsicherung? (Vorgaben, Ermutigung...)	Was macht Sie sicherer im Umgang mit Verunsicherung: Vorgaben oder Ermutigung?

3. Orientierung – Ausblick – Ziele: Wo möchten wir (nicht) hin?

Aspekte der Zusammen-	3.1	Hat jemand vor Ihnen Angst? Warum? Warum nicht?
	3.2	Wie gehen Sie mit Vorgaben um, die Sie nicht akzeptieren oder nicht für sinnvoll halten?

arbeit	3.3	Wem oder was gehört Ihre Loyalität – als Person und als Institution? Was tun Sie, wenn beides auseinanderklafft?
	3.4	Welches sind für Sie Führungsqualitäten?
(Grund-) Bedingungen	3.5	Unter welchen Bedingungen machen Sie Ausnahmen?
	3.6	Unter welchen Bedingungen bereitet Ihnen Ihre Arbeit Vergnügen?
	3.7	Welche Bedeutung hat für Ihr Handeln ‚Wahrheit'?

Ethik für alle

Je nach Situation der Schule stellen sich im Vorfeld strukturelle Fragen:
- Wie können Schülerinnen, Schüler und Eltern an diesem Prozess beteiligt werden?
- Welche Strukturen stehen schon zur Verfügung?
- Welche Strukturen müssen neu geschaffen werden?
- Sollten die jeweiligen Gruppen eigene Fragelisten entwickeln oder sich an den vorhandenen Listen orientieren?

Ein mögliches Beispiel für die Ausweitung der Fragelisten:

1. Einstiegsphase: gemeinsames Gespräch über gemeinsame Fragen

Kurzbeschreibung „Fragerichtung"	ausformuliert für Schulleitung & Lehrerkollegium	Schülerinnen und Schüler	Eltern
1.1. Was „brennt unter den Nägeln"?	Nehmen wir an, Sie sprechen mit einem Journalisten oder einer Journalistin über Ihre Arbeit. Wonach möchten Sie gern gefragt werden?	Stell dir vor, ein Journalist oder eine Journalistin besucht eure Schule, um darüber zu berichten. Wonach sollte er dich unbedingt fragen?	Nehmen wir an, Sie sprechen mit einem Journalisten oder einer Journalistin über die Arbeit an der Schule Ihres Kindes. Wonach möchten Sie gern gefragt werden?
1.2. Notwendigkeit zur Veränderung	Wenn Sie die Macht und die Mittel hätten, ab morgen Ihr berufliches Umfeld (z.B. Unterricht und die Lernumgebung) nach Ihren Vorstellungen zu gestalten, was wären Ihre ersten fünf Maßnahmen?	Wenn du die Macht und die Mittel hättest, ab morgen die Schule nach deinen Vorstellungen zu gestalten, was wären deine ersten fünf Maßnahmen? Warum?	Wenn Sie die Macht und die Mittel hätten, ab morgen das schulische Umfeld (z.B. Unterricht, Elternarbeit) nach Ihren Vorstellungen zu gestalten, was wären Ihre ersten fünf Maßnahmen?

1.3. Umgang mit (vermeintlichen) Selbstverständlichkeiten	Welche von den Selbstverständlichkeiten, die Sie kennen, sind vielleicht gar nicht so selbstverständlich, wie es scheint – und warum?	Gibt es an deiner Schule Dinge, die „einfach so sind" und über die sich niemand mehr Gedanken macht? Welche davon sind vielleicht gar nicht so selbstverständlich, wie alle immer dachten?	Welche von den Selbstverständlichkeiten, die Sie kennen, sind vielleicht gar nicht so selbstverständlich, wie es scheint – und warum?
1.4. Neugier und Innovationspotential	Wann haben Sie zum letzten Mal etwas zum ersten Mal getan?	Wann hast du zum letzten Mal etwas zum ersten Mal getan?	Wann haben Sie zum letzten Mal etwas zum ersten Mal getan?
1.5. Der Blick von außen	Wenn ein Außerirdischer Sie bei der Arbeit beobachten könnte: Was würde er sehen?	Wenn ein Außerirdischer euch in der Schule beobachten könnte: Was würde er sehen?	Wenn ein Außerirdischer Sie im Zusammenhang mit Schule, Ihren Kindern und Lehrern beobachten könnte: Was würde er sehen?

2. Diskussionsforum: heißere Eisen und persönliche Stellungnahmen

Kurzbeschreibung „Fragerichtung"	ausformuliert für Schulleitung, Lehrerkollegium	Schüler und Schülerinnen	Eltern
Wo liegt 2.1 Konfliktpotential? Wo lauert die Gefahr von	Was, glauben Sie, nehmen Eltern Ihnen eher übel: fehlerhafte Arbeit bei der Vermittlung von Fachwissen oder Respektlosigkeit im Umgang mit ihren Kindern? Oder hängt für Sie beides zusammen?	Was, glaubst du, nimmt dir dein Lehrer eher übel: wenn du Fehler machst, oder wenn du dich ihm oder deinen Mitschülern gegenüber unmöglich benimmst?	Was, glauben Sie, nehmen Ihnen die Lehrer und Lehrerinnen Ihres Kindes eher übel: … oder …

Doppel-botschaften / nicht eindeutigen Aussagen?	2.2	Unter welchen Umständen halten Sie die Gefahr, dass Kommunikation missglückt, am größten?	Unter welchen Umständen hältst du die Gefahr am größten, dass man aneinander vorbeiredet und überhaupt nicht versteht, was der andere meint?	Unter welchen Umständen halten Sie die Gefahr, dass Kommunikation missglückt, am größten?
Konfliktverhalten	2.3	Wenn Sie in einem Konflikt stehen, haben Sie dann Zeit / Freiheit, um sich die Perspektiven der jeweils anderen vorzustellen?	Wenn du Streit mit jemandem hast, versuchst du dir dann manchmal vorzustellen, wie es dem anderen dabei geht oder was er denkt?	Wenn Sie in einem Konflikt stehen, haben Sie dann Zeit / Freiheit, um sich die Perspektiven der jeweils anderen vorzustellen?
	2.4	Wie entscheiden Sie, wer von einem Konflikt / Ihrer Entscheidung in einem Konflikt erfahren soll?	Hast du Einfluss darauf, wer von einem Konflikt erfahren soll und in einem Konflikt mit entscheidet?	Wie entscheiden Sie, wer von einem Konflikt / Ihrer Entscheidung in einem Konflikt erfahren soll?
	2.5	Würden Sie einen Konflikt anders entscheiden, wenn Sie dabei von ✓ Ihren Vorgesetzen ✓ Ihren Untergebenen ✓ Ihren nächsten Angehörigen ✓ der gesamte Öffentlichkeit beobachtet werden könnten?	Würdest du einen Konflikt anders klären, wenn ✓ deine Eltern ✓ deine Lehrer ✓ deine Freundin oder dein Freund ✓ die ganze Schule dich dabei beobachten könnten?	Würden Sie einen Konflikt anders entscheiden, wenn Sie dabei von ✓ Ihren Vorgesetzen ✓ Ihren Untergebenen ✓ Ihren nächsten Angehörigen ✓ der gesamte Öffentlichkeit beobachtet werden könnten?
Flexibi-	2.6	Was macht Sie sicher im	Was hilft dir besser,	Was macht Sie

lität im Umgang mit Unvorhergesehenem	Umgang mit Verunsicherung? (Vorgaben, Ermutigung…)	wenn du dir selbst bei etwas nicht sicher bist – wenn dir jemand Mut macht, es selbst hinzubekommen, oder wenn dir jemand genau sagt, was du tun sollst?	sicher im Umgang mit Verunsicherung? (Vorgaben, Ermutigung…)

3. Orientierung – Ausblick – Ziele: Wo möchten wir (nicht) hin?

Kurzbeschreibung „Fragerichtung"		ausformuliert für Schulleitung & Lehrerkollegium	Schüler und Schülerinnen	Eltern
Aspekte der Zusammen-arbeit	3.1	Hat jemand vor Ihnen Angst? Warum? Warum nicht?	Hat jemand Angst vor dir? Warum? Warum nicht?	Hat jemand vor Ihnen Angst? Warum? Warum nicht?
	3.2	Wie gehen Sie mit Vorgaben um, die Sie nicht akzeptieren oder nicht für sinnvoll halten?	Was machst du, wenn du etwas tun sollst, das du nicht einsiehst oder für unsinnig hältst?	Wie gehen Sie mit Vorgaben um, die Sie nicht akzeptieren oder nicht für sinnvoll halten?
	3.3	Wem oder was gehört Ihre Loyalität – als Person und als Institution? Was tun Sie, wenn beides auseinanderklafft?	Ist dir deine Schule wichtig? Identifizierst Du dich mit deiner Schule? Wie wird das sichtbar?	Wem oder was gehört Ihre Loyalität? Was tun Sie bei Loyalitätskonflikten?
	3.4	Welches sind für Sie Führungsqualitäten?	Wie sollte ein guter Klassensprecher oder eine gute Klassensprecherin, ein guter Schulleiter oder eine gute Schulleiterin sein?	Welches sind für Sie Führungsqualitäten?
(Grund-) Bedingungen	3.5	Unter welchen Bedingungen machen Sie Ausnahmen?	Wann sollte es in der Schule Ausnahmen geben?	Unter welchen Bedingungen machen Sie Ausnahmen?

	3.6	Unter welchen Bedingungen bereitet Ihnen Ihre Arbeit Vergnügen?	Wann macht dir Schule so richtig Spaß?	Unter welchen Bedingungen bereitet Ihnen Ihre Arbeit Vergnügen?
	3.7	Welche Bedeutung hat für Ihr Handeln „Wahrheit"?	Wie wichtig findest du „Wahrheit", wenn du etwas machst?	Welche Bedeutung hat für Ihr Handeln „Wahrheit"?

Zum Weiterdenken

Was nützt die Güte?
Was nützt die Güte, wenn die Gütigen sogleich erschlagen werden, oder es werden erschlagen die, zu denen sie gütig sind?
Was nützt die Freiheit, wenn die Freien unter den Unfreien leben müssen?
Was nützt die Vernunft, wenn die Unvernunft allein das Essen verschafft, das jeder benötigt?
Anstatt nur gütig zu sein, bemüht euch, einen Zustand zu schaffen, die die Güte ermöglicht, und besser: Sie überflüssig zu macht!
Anstatt nur vernünftig zu sein, bemüht euch, einen Zustand zu schaffen, der die Unvernunft der einzelnen zu einem schlechten Geschäft macht!

Bertolt Brecht

Bildung und Erziehung in einer individualisierten, wertpluralen Gesellschaft umzusetzen und dafür das jeweils Richtige zu entscheiden, zu entwickeln und zu implementieren, ist eine Aufgabe, bei der es nicht möglich ist, es allen recht zu machen und uneingeschränkte Zustimmung zu erhalten. Das liegt weniger an den Voraussetzungen als an den Voraus-Setzungen, an dem nämlich, was Menschen implizit an kulturellen Denkmustern bzw. mentalen Modellen mitbringen und was zunächst unbewusst in ihr Handeln einfließt. Gerade die Interaktionssysteme, in denen sich Bildung und Erziehung vollziehen, sind von diesem Sachverhalt besonders geprägt. Objektivität gibt es hier nicht. Ein vermeintlich objektiv gestaltetes, zweckrational-technokratisches Qualitätsmanagementsystem bricht ein vor den hochkomplexen, emotional bestimmten Interaktionssystemen von Erziehungs-, Bildungs- und Lernprozessen. Was am Ende herauskommt und welche Faktoren dabei wirksam waren, lässt sich so einfach nicht bestimmen. Hier trifft die „Logik des Misslingens" (Dörner 2001) als Phänomen noch weitergehend zu als bei anderen Systemen.

Was nottut, ist Bescheidenheit und ein Bewusstsein unserer Begrenztheit, kritische Distanz gegenüber denen, die an leichte Machbarkeit glauben, an „Light"-Konzepte jeglicher Art.

Was gleichermaßen notwendig ist, ist die Anstrengung, die Dinge auch im Bewusstsein aller Paradoxien und Schwierigkeiten so gut wie nur irgend möglich zu planen, zu entwickeln und umzusetzen und dabei alles zu lernen, was dazu erforderlich ist.

In einem Vortrag im Mai 2006 in Ulm zum Wertewandel weist Regina Ammicht-Quinn (2006) auf die Aufgabe von Lehrerinnen und Lehrer hin, ihre Schülerinnen und Schüler mit einem „geistigen Reiseproviant" auszustatten, der sie befähigt, in einer „globalisierten", „medialisierten" und „kommerzialisierten" Welt das jeweils Richtige zu erkennen und zu tun. Im Kern ist es „das Vermögen, Menschen in ihrer Verletzlichkeit einfach als verletzbare Menschen zu sehen und das Vermögen, Handlungsspielräume dort zu sehen, wo andere keine sehen".

Ob es einem staatlich-politischen System gelingt, ein Steuerungssystem auf der Grundlage einer solchen Voraus-Setzung zu entwickeln, bleibt fraglich und womöglich der Traum oder die Vision einer pädagogisch denkenden und handelnden Person.

Allerdings hielte ich es für der Mühe wert, ein Qualitätsmanagementsystem für ein Schulsystem zu entwickeln, das den pädagogischen als den auf den Menschen gerichteten Bereich nicht allein betriebswirtschaftlichem Denken und Handeln aussetzt und preisgibt.

8. Evaluationsglossar

Alpha-Fehler
Die Nullhypothese wird verworfen, obwohl sie in der Grundgesamtheit richtig ist. Der Alphafehler hängt von der Signifikanzgrenze ab, die für den statistischen Test gewählt wurde. Wenn alpha = 0,05 ist, dann wird die Nullhypothese in 5% aller Fälle, in denen sie richtig ist, fälschlicherweise verworfen.

Alternativhypothese
Sie geht davon aus, dass zwei Messwerte real differieren. Sie ist der *Nullhypothese* logisch entgegengesetzt. Die Wahrscheinlichkeit, sich für die Alternativhypothese zu entscheiden, obwohl die Nullhypothese stimmt, ist genau die Irrtumswahrscheinlichkeit alpha (*Alpha-Fehler*).

Audit
Systematische Qualitätsprüfung zur Verbesserung von Abläufen und Leistungen in Anlehnung an Qualitätsnormsysteme wie zum Beispiel ISO (International Organization for Standardization) oder EFQM (European Foundation for Quality Management).

Bench Marking
Vergleich einer Organisation hinsichtlich wesentlicher Merkmale mit besonders erfolgreichen Organisationen (Marktbesten). Aus diesem Vergleich werden Maßnahmen zur Qualitätsverbesserung abgeleitet.

Beobachtung
Gezielte Wahrnehmung und Erfassung eines Ereignisses oder eines Verhaltens, um Hypothesen überprüfen zu können.

Beta-Fehler
Die *Alternativhypothese* wird verworfen, obwohl sie in der Grundgesamtheit richtig ist.

Codierung
Übertragung der Ergebnisse einer Datenerhebung (z.B. Antworten in einem Fragebogen), um sie rechnergestützt auswerten zu können.

Dokumentenanalyse
Inhaltsanalyse von Daten (z.B. Schulstatistik, Konferenzprotokolle, Klassenbücher), die vor dem Evaluationsprozess entstanden und einem anderen Zweck dienten. Ohne eine Person zu befragen, erhält man Einblick in die Qualität einer Schule.

Effektstärke

Maß für die Wirksamkeit von Trainings- und Therapieverfahren. Es wird berechnet, indem man die Mittelwertdifferenz zwischen Trainings- und Kontrollgruppe durch die Standardabweichung der Kontrollgruppe dividiert. Die Effektstärke kann Werte zwischen 0 und 1 annehmen.

EFQM

EFQM (European Foundation for Quality Management) ist eine Europäische Stiftung für Qualitätsmanagement mit Sitz in Brüssel. Das von ihr entwickelte Audit-Modell umfasst 9 Kriterien, die zwei Bereichen zugeordnet sind: Befähiger (= Potenziale und Vorgehensweisen für gute Leistungen) und Ergebnisse (das was konkret als Resultat des Vorgehens entsteht). Die Kriterien sind dabei unterschiedlich gewichtet.

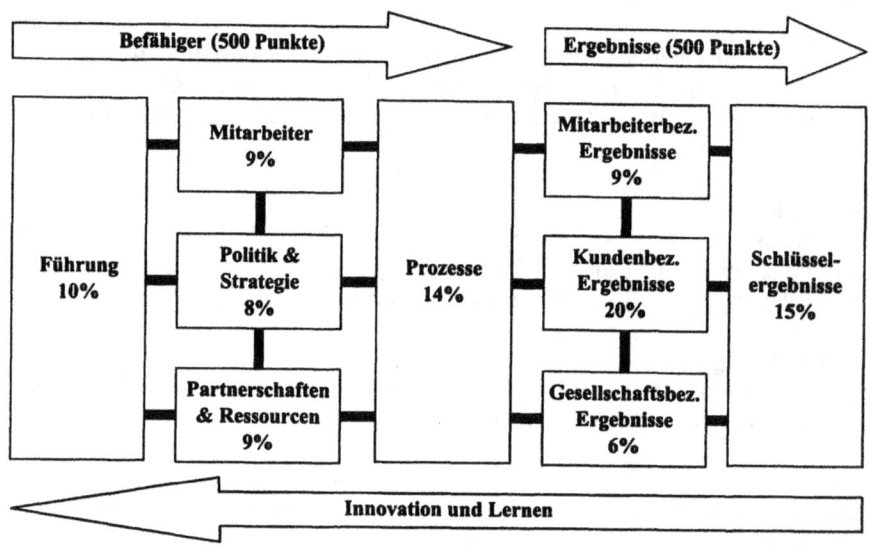

Das Ziel der Selbstbewertung ist zum einen die Qualitätsanalyse, zum anderen die Ableitung von Verbesserungsmaßnahmen.

Empirie

Erkenntnis, die sich auf intersubjektiv überprüfbare Erfahrungen (Beobachtungen, Messungen) stützt.

Evaluation
Unter Evaluation versteht man die Bewertung von Prozessen und Ergebnissen. Sie orientiert sich an explizit festgelegten Qualitätskriterien und Qualitätsindikatoren.

Formative Evaluation
Diese Form der Evaluation wird zur Initiierung und Begleitung von Entwicklungsprozessen durchgeführt.

Fragebogen
Sammlung von Fragen, die für eine systematische schriftliche Befragung von Personen formuliert werden. Im Gegensatz zum Interviewleitfaden ist er stark standardisiert, um eine Vergleichbarkeit der Daten zu gewährleisten. Hinsichtlich der Frageform unterscheidet man zwischen offenen Fragen (ohne Antwortvorgabe) und geschlossenen Fragen, die denen der Proband zwischen vorgegebenen Antwortalternativen wählen kann. Bevor ein Fragebogen offiziell angewandt wird, ist er einem Pretest zu unterziehen. An einer kleineren Stichprobe wird geprüft, ob er schlüssig aufgebaut ist, seine Fragen verständlich sind und keine suggestiven Formulierungen vorhanden sind.

Grundgesamtheit
Die Menge aller Individuen, über die etwas ausgesagt werden soll. Eine Untersuchung der Grundgesamtheit ist häufig nicht möglich. Deshalb zieht man eine *Stichprobe*, aus der auf die Grundgesamtheit geschlossen wird.

Hypothese
Annahme über einen Sachverhalt, deren Richtigkeit, noch nicht feststeht. Sie wird mit dem Anspruch formuliert, empirisch geprüft zu werden. Unterschieden wird zwischen *Nullhypothese* und *Alternativhypothese*.

Indikator
Direkt beobachtbare Phänomene, die es ermöglichen, auf nicht direkt wahrnehmbare Sachverhalte beziehungsweise Begriffe zu schließen. Meist ist es so, dass ein komplexer Begriff über mehrere Indikatoren operationalisiert werden muss.

Intervallskala
Die Objekte werden nicht nur in eine Rangordnung gebracht, sondern die Abstände werden auch quantifiziert. Beispiel: Intelligenzquotient

Interview
Befragungsgespräch zwischen einem Interviewer und einer Befragungsperson. Hierzu verwendet der Interviewer einen Leitfaden. Die Antworten werden ent-

weder gleich schriftlich dokumentiert oder aufgezeichnet und später in Textform transkribiert.

Interviewer-Effekt
Verzerrender Einfluss des Interviewers (z.B. durch Verstärkung erwünschter Antworten) auf die Befragungsergebnisse.

Item
Einzelne Aufgabe in einem Test oder einzelne Frage in einem Fragebogen.

Kennzahlen
Bestimmte schulstatistische Werte (z.B. Schulabbruch, Schulschwänzen, Prüfungserfolg), die als Indikatoren zu Bewertung der Schulqualität verwendet werden.

Korrelation
Statistisch berechneter Zusammenhang zwischen zwei oder mehreren Merkmalen.

Korrelationskoeffizient
Statistische Maßzahl für die Enge und Richtung eines Zusammenhangs. Die Korrelationskoeffizienten können Werte zwischen +1 (maximal enger gleichsinniger Zusammenhang) und −1 (maximal enger gegenläufiger Zusammenhang) annehmen. Ein Wert von 0 bedeutet, dass kein Zusammenhang zwischen den Merkmalen besteht.

Kriterium
Gesichtspunkt der Qualitätsanalyse. Kriterien beschreiben Teilqualitäten eines komplexen Evaluationsgegenstands. Sie werden konkretisiert durch *Indikatoren*.

Messung
Zuordnung von Zahlen Objekten oder Ereignissen in Anhängigkeit von deren Merkmalsausprägung. nach bestimmten Regeln. Im Verhältnis der Messwerte (numerisches Relativ) muss sich das Verhältnis der gemessenen Objekte (empirisches Relativ) widerspiegeln.

Messfehler
Fehler, die bei der Datenerhebung auftreten. Ihre Ursache kann im Erhebungsinstrument, im Forscher oder im Probanden liegen.

Messverfahren
Empirische Methode zur quantitativen Erfassung von Merkmalen. Ein Beispiel hierfür ist die Messung von Einstellungen und Meinungen durch Schätzskalen.

Metaevaluation
Kritische Überprüfung der Selbstevaluation durch ein externes Evaluationsteam. Diese dient der Beantwortung der Frage, ob bei der Durchführung der Selbstevaluation wichtige Qualitätsstandards berücksichtigt wurden. Ziel der Metaevaluation ist es, das schulinterne Qualitätsmanagement zu verbessern.

Median
Statistischer Kennwert der zentralen Tendenz einer Datenreihe. Unterhalb und oberhalb des Medians liegt jeweils die Hälfte der Werte. Er ist nicht so anfällig gegen stark abweichende Werte (Ausreißer) wie der *Mittelwert*.

Mittelwert
Statistischer Kennwert der zentralen Tendenz einer Datenreihe. Im engeren Sinne versteht man darunter das arithmetische Mittel, auch Durchschnitt genannt. Man erhält diesen Wert, indem man die Summe aller Werte durch deren Anzahl dividiert.

Modalwert
Statistischer Kennwert der zentralen Tendenz einer Datenreihe. Es weist die größte Häufigkeit auf. Gibt es in einer Verteilung zwei oder mehr Werte, die sehr häufig vorkommen, ist die Verteilung bi- bzw. multimodal.

Nominalskala
Die Objekte werden in Kategorien eingeordnet. Zwischen den Kategorien besteht qualitative Verschiedenheit, innerhalb der Kategorien Gleichheit aller Objekte. Beispiel: Familienstand.

Normierung
Es wird die Verteilung der Testergebnisse in einer großen repräsentativen Stichprobe bestimmt. Sie ist der Maßstab, an dem die Probanden nun gemessen werden.

Nullhypothese
Sie besagt, dass alle Stichproben hinsichtlich der untersuchten Variable der gleichen Grundgesamtheit entstammen. Das heißt, sie unterscheiden sich nicht oder nur zufällig.

Nützlichkeit
Ein Test ist nützlich, wenn mit ihm ein Merkmal gemessen werden kann, für dessen Untersuchung es ein praktisches Bedürfnis gibt.

Objektivität
Unabhängigkeit eines Testergebnisses von den äußeren Bedingungen, insbesondere von den Personen, die den Test durchführen, auswerten und interpretieren.

Ökonomie
Ein Test ist ökonomisch, wenn nur eine kurze Durchführungszeit erforderlich ist, wenig Material verbraucht wird, er als Gruppentest einsetzbar ist, die Handhabung einfach ist und die Auswertung rasch vorgenommen werden kann.

Ordinalskala
Die Objekte werden in eine Rangordnung gebracht werden. Die Abstände zwischen den Rangplätzen sind aber nicht notwendigerweise konstant. Beispiel: Schulnoten.

Parameter
In der Statistik Kennwerte von Merkmalsverteilungen in Grundgesamtheiten. Zum Beispiel sind dies Maße der zentralen Tendenz oder Maße der Streuung. Sie sind normalerweise unbekannt und werden mit Hilfe von Stichprobenkennwerten geschätzt.

Peer Review
Externe Evaluation durch „kritische Freunde", die von der Schule selbst ausgewählt werden. Meist handelt es sich um Kollegen einer anderen Schulen, die rückmelden, wie sie die Schulqualität wahrgenommen haben.

Qualitative Daten
Nichtnumerische Daten, die durch teilnehmende Beobachtung, durch Gespräche oder durch Inhaltsanalysen gewonnen wurden.

Quantitative Daten
Numerische Daten, die durch Messungen erhoben wurden.

Quartile
Die drei Werte einer Häufigkeitsverteilung, die diese in vier gleich große Bereiche zerlegen. Im Bereich bis zum ersten Quartil liegen 25% aller Fälle, bis zum zweiten Quartil 50% und bis zum dritten Quartil 75%. Das erste und dritte Quartil nennt man auch unteres bzw. oberes Quartil.

Reliabilität
Genauigkeit eines Erhebungsinstruments bzw. eine Aussage darüber, ob eine wiederholte Messung zu gleichen oder sehr ähnlichen Ergebnissen führt.

Rücklaufquote
Anteil der beantworteten Fragebögen an allen verteilten bzw. versandten Fragebögen. Bei schriftlichen Befragungen braucht man einen genügend hohen Rücklauf, um die Ergebnisse in Bezug auf die Grundgesamtheit verallgemeinern zu können.

Signifikanz
Wichtiges Kriterium für die Gültigkeit von Untersuchungsergebnissen. Man nennt ein Ergebnis statistisch signifikant, wenn die empirischen Ergebnisse so weit von den theoretischen Werten abweichen, dass sie einer wahrscheinlichkeitstheoretischen Prüfung standhalten. Die Abweichung ist dann bedeutsam und nicht mehr zufällig.

Signifikanzniveau
Fehlergrenze, bei der eine Hypothese als akzeptiert oder abgelehnt gilt.

SOFT-Analyse
Methode der schulischen Selbstevaluation. Ziel der Bestandsaufname ist es, Aufschluss über folgende Bereiche zu erhalten:
- Satisfactions: Was sind unsere Stärken?
- Opportunities: Wo liegen unsere Entwicklungschancen?
- Faults: Was sind unsere Fehler und Schwächen?
- Threats: Wo gibt es drohende Gefährdungen?

Die Soft-Analyse-Daten sind Grundlage für die Planung von Veränderungen.

Standardabweichung
Statistische Maßzahl für die Streuung von Messwerten. Man erhält sie, indem man die Quadratwurzel aus dem Durchschnitt der quadratischen Abweichungen der Messwerte von ihrem *Mittelwert* berechnet.

Statistik
Berechnungsverfahren, die man in der empirischen Sozialforschung anwendet, um Kennwerte für die Verteilung von Merkmalen zu erhalten. Man unterscheidet zwischen einer beschreibenden und einer prüfenden Statistik. Erstere dient dazu, durch die Berechnung von Kennziffern (z.B. *Mittelwert, Standardabweichung, Korrelation*) eine bessere Übersicht über erhobene Datenmengen zu erhalten. Letztere ermöglicht es, die Wahrscheinlichkeiten zu errechnen, mit denen Stichprobenkennwerte von den Parametern der Grundgesamtheit abweichen (*Vertrauensintervall*) und bei welcher Irrtumswahrscheinlichkeit eine *Nullhypothese* beibehalten oder verworfen werden kann.

Stichprobe
Teilmenge aus der Grundgesamtheit (Population) aller Individuen, auf die sich der Geltungsbereich einer Untersuchung oder einer Aussage bezieht. Die Stichprobe soll repräsentativ sein für die Grundgesamtheit.

Stichprobenfehler
Die Abweichung eines Stichprobenkennwerts vom Parameter der Grundgesamtheit. Mit zunehmendem Stichprobenumfang verringert sich der Stichprobenfehler.

Summative Evaluation
Eine summative Evaluation wird, anders als eine *formative Evaluation*, nach Abschluss einer zu evaluierenden Maßnahme eingesetzt. Sie wird auch als Bilanz-Evaluation bezeichnet.

Test
Tests sind wissenschaftlich fundierte Prüfverfahren, mit denen sich die Ausprägung von Persönlichkeitsmerkmalen quantitativ bestimmen lässt. Mit Hilfe von Tests kann man das Abschneiden einer Person mit dem einer Bezugsgruppe vergleichen. Solche Testverfahren werden als normorientierte Tests bezeichnet.
Es gibt auch Testverfahren, mit deren Hilfe sich die Leistung einer Person mit einem vorher festgelegten Kriterium vergleichen lässt. Zu diesen Testverfahren zählen beispielsweise die lernzielorientierten Tests.
Die überwiegende Mehrheit der Testverfahren ist nach dem Modell der klassischen Testtheorie konstruiert. Sie besagt, dass es zu jedem Testergebnis einen wahren Testwert gibt, sich bei Testungen ergebende Messfehler nach dem Zufall verteilen und der Testwert sich aus dem beobachteten Wert und dem wahren Wert zusammensetzt.
Aus der klassischen Testtheorie, die trotz Kritik und alternativer Modelle weiterhin dominiert, werden Gütekriterien abgeleitet (*Objektivität*, *Reliabilität*, *Validität*).

Testkonstruktion
Die Testkonstruktion beginnt nach dem konzeptionellen Entwurf mit der Aufgabenkonstruktion. Die einzelnen Aufgaben werden in einer Testvorform zusammengefasst, die einer größeren Stichprobe dargeboten wird. Danach findet die Aufgabenanalyse statt. Sie dient vor allem der Ermittlung der Schwierigkeit und der Trennschärfe sowie der ersten Schätzung der *Reliabilität* und *Validität*. Unter Schwierigkeit versteht man den Prozentsatz derjenigen, die eine Aufgabe richtig gelöst haben.
Die Trennschärfe gibt Auskunft über das Ausmaß, in dem eine Testaufgabe Personen, die einen hohen Gesamttestwert haben, von denen mit niedrigem Gesamttestwert unterscheidet.
Entsprechend den Analyseergebnissen werden nun die tauglichen Aufgaben selegiert. Diese Testendform wird zum Zwecke der Reliabilitäts- und Validitätskontrolle nochmals einer Stichprobe vorgelegt.
Auf der Basis der *Reliabilität* wird auch der Standardmessfehler errechnet, der angibt, in welchem Bereich der wahre Messwert liegt. Wenn diese Kontrolle zufrieden stellend ausfällt, kann der Test geeicht beziehungsweise normiert werden.

Totalerhebung
Untersuchung, bei der keine *Stichprobe* gezogen wird, sondern alle Einheiten der *Grundgesamtheit* (z.B. alle Eltern einer Schule) befragt werden.

Validität
Gültigkeit eines Erhebungsinstruments bzw. eine Aussage darüber, ob es tatsächlich auch das misst, was er messen soll. Die Validität ist das wichtigste Gütekriterium eines Tests.

Varianz
Statistische Maßzahl für die Streuung der Messwerte. Die Varianz berechnet man, indem man die *Standardabweichung* quadriert.

Vergleichbarkeit
Ein Erhebungsinstrument ist vergleichbar, wenn ein oder mehrere Parallelformen und validitätsähnliche Verfahren vorhanden sind. Mit diesen kann man einen bestimmten Probanden untersuchen und die ermittelten Ergebnisse miteinander vergleichen.

Verhältnisskala
Es handelt sich um eine *Intervallskala* mit absolutem Nullpunkt. Beispiel: Einkommensskala.

Vertrauensintervall
Derjenige Bereich des Stichprobenkennwerts, in dem sich der Parameter einer Grundgesamtheit mit einer hohen Wahrscheinlichkeit (z.B. 95% oder 99%) befindet.

Zentrale Tendenz
Merkmal einer Verteilung. Es gibt an, wo das Zentrum der Verteilung liegt. Die wichtigsten Kennwerte der zentralen Tendenz sind *Mittelwert*, *Modalwert* und *Median*.

9. Literaturverzeichnis

Ackeren, I. van/Bellenberg, G.: Parallelarbeiten, Vergleichsarbeiten, Abschlussprüfungen. In: Holtappels, H.G./Klemm, K./Pfeiffer, H./Rolff, H.-G./Schulz-Zander, R. (Hrsg.): Jahrbuch der Schulentwicklung. Band 13. Daten, Beispiele und Perspektiven. Weinheim und München 2004.

Altrichter, H./Posch, P.: Möglichkeiten und Grenzen der Qualitätsevaluation und Qualitätsentwicklung im Schulwesen. Innsbruck und Wien 1997.

Altrichter, H./Posch, P.: Lehrer erforschen ihren Unterricht. Eine Einführung in die Methoden der Aktionsforschung. Bad Heilbrunn 1998.

Altrichter, H./Messner, E./Posch, P.: Schulen evaluieren sich selbst. Ein Leitfaden. Seelze 2004.

Altrichter, H./Heinrich, M.: Evaluation als Steuerungsinstrument im Rahmen eines ‚neuen Steuerungsmodells' im Schulwesen. In: Böttcher, W./Holtappels, H.-G./Brohm, M.: Evaluation im Bildungswesen. Weinheim 2006.

Argyris, C.: Wissen in Aktion. Stuttgart 1997.

Argyris, C./Schön, D.A.: Die Lernende Organisation. Grundlagen, Methode, Praxis. Stuttgart 2002 (2. Auflage).

Autry, A./Mitchell, S.: Die Illusion der Kontrolle. Bern 1999.

Bastian, J./Rolff, H.-G.: Abschlussevaluation des Projektes ‚Schule und Co'. Bertelsmann Stiftung. Gütersloh 2003.

Baumann, J.: Anregungen zur Weiterentwicklung des Abiturs. Unveröffentlichtes Manuskript. Wilhelmsdorf 2005.

Beichel, J.: Lehramtsprüfungen. Baltmannsweiler 2006.

Berger, L./Berger, M.: Der Baum der Erkenntnis. Bremen 2004.

Bernhart, D.: Die Rückwirkungen von innovativen Bewertungsformen auf Prozesse der Schulentwicklung: Der WESA-Schulversuch und seine Umsetzung. Diplomarbeit an der Pädagogischen Hochschule Weingarten 2006.

Bildungsdirektion des Kantons Zürich (Hrsg.): Verfahrensschritte der externen Schulevaluation. Zürich 2001.

Bortz, J./Döring, N.: Forschungsmethoden und Evaluation für Human- und Sozialwissenschaftler. Berlin, Heidelberg, New York 2002 (3. Auflage).

Böttcher, W./Holtappels, H.-G./Brohm, M.: Evaluation im Bildungswesen. Weinheim 2006.

Broekmate, L./Dahrendorf, K./Dunker, K.: Qualitätsmanagement in der öffentlichen Verwaltung. München und Berlin 2001.

Bueb, B.: Lob der Disziplin. Berlin 2006.

Buhren, C.-G.: Qualitätsindikatoren für den Unterricht. In: Buchen, H./Horster, L./Rolff, H.-G. (Hrsg.): Schulleitung und Schulentwicklung. Berlin 1998.

Buhren, C.G./Killus, D./Müller, S.: Wege und Methoden der Selbstevaluation. Ein praktischer Leitfaden. Dortmund 1998.

Buhren, C.-G.: Leistungsprämien. Wohl oder Wehe der Schulentwicklung. Zeitschrift Schulmanagement. 03/2002, S. 8-10.

Burkard, C./Eikenbusch, G.: Praxishandbuch Evaluation in der Schule. Berlin 2000.

von Cube, F./Alshuth, D.: Fordern statt verwöhnen. München 1992 (6. Auflage).

Deutsche Gesellschaft für Evaluation (DeGEval): Standards für Evaluation. Köln 2002.

Deutsche Gesellschaft für Evaluation (DeGEval): Empfehlungen zur Anwendung von Standards für Evaluation im Handlungsfeld der Selbstevaluation. Alfter 2004.

Deutsches Institut für Normung e.V. (Hrsg.): DIN EN ISO 9001:2000 - Qualitätsmanagementsysteme: Forderungen. Berlin 2000.

Deutsches PISA-Konsortium (Hg.): PISA 2000. Opladen 2001.

Diekmann, A.: Empirische Sozialforschung. Grundlagen, Methoden, Anwendungen. Reinbek bei Hamburg 2003 (10. Auflage).
Dörner, D.: Die Logik des Misslingens. Strategisches Denken in komplexen Situationen. Hamburg 2001 (14. Auf.)

Dubs, R.: Qualitätsmanagement für Schulen. St. Gallen 2003.

Dubs, R./Euler, D./Rüegg-Stürm, J./Wyss, C.: Managementlehre 1 bis 5. Bern 2004.

Duppel-Breth, U.: Ein Blick in erfolgreiche PISA-Länder. Lehren und Lernen, Heft 6, 2003.

Eck, C.D.: Denkschulung – Ideen finden, Probleme lösen, Entscheidungen treffen. Zürich 1981.

Ehmann, C.: Bildungsfinanzierung und soziale Gerechtigkeit. Bielefeld 2003 (2. Auflage).

Elke, G.: Organisationsentwicklung: Diagnose, Intervention und Evaluation. In: Hoyos, C./Frey, D. (Hrsg.): Arbeits- und Organisationspsychologie. Weinheim und Basel 1999.

Esslinger, I.: Berufsverständnis und Schulentwicklung. Ein Passungsverhältnis? Bad Heilbrunn 2002.

Euler, R.: Bildungsmanagement. In: Dubs u.a.: Managementlehre. Band 4. Bern 2004.

European Foundation for Quality Management (Hrsg.): Das EFQM-Modell für Excellence 2002. Brüssel 2001.

Fatzer, G.: Ganzheitliches Lernen. Humanistische Pädagogik und Organisationsentwicklung. Paderborn 1993 (4. Auflage).

Flick, U.: Qualitative Forschung. Theorie, Methoden, Anwendung in Psychologie und Sozialwissenschaften. Hamburg: Rowohlt 1999.

Franklin, J.L./Trasher, J.H.: An introduction to program evaluation. New York 1976.

Gastager, A./Patry, J.L.: "Allen Leuten recht getan...". Widersprüchliche Anforderungen an Evaluatorinnen und Evaluatoren. In: Böttcher, W./Holtappels, H.-G./Brohm, M.: Evaluation im Bildungswesen. Weinheim 2006.

Gray, J. et al.: Improving Schools Performance and Potential. Buckingham: Open University Press 1999.

Green, N.u.K.: Kooperatives Lernen im Klassenraum und im Kollegium. Seelze 2005.

Green, N.u.K.: Herausfordern zum Erfolg. Interview mit Norm und Kathy Green. In: Lernende Schule, Heft 33, 2006.

Grösch-Buresch, E.: Kooperatives Lernen. Lernende Schule, Heft 33, 2006.

Guskey, Th.R.: How Classroom Assessment Improve Learning. Educational Leadership 5/2003.

Harvey, L./Green, D.: Qualität definieren. Fünf unterschiedliche Ansätze. Zeitschrift für Pädagogik 41, Beiheft, S. 17-40. Weinheim 2000.

Haug, F.: Lernverhältnisse. Hamburg 2003.
Heid, H.: Qualität: Überlegungen: Überlegungen zur Begründung einer pädagogischen Beurteilungskategorie. Zeitschrift für Pädagogik 41, Beiheft, S. 41-54. Weinheim 2000.

Heiner, M.: Experimentierende Evaluation – Ansätze zur Entwicklung lernender Organisationen. München 1998.

Heller, K.A./Hany, E.A.: Standardisierte Schulleistungsmessungen. In: Weinert, F.E. (Hrsg.): Leistungsmessungen in Schulen. Weinheim und Basel 2002 (2. Auflage).

von Hentig, H.: Systemzwang und Selbstbestimmung. Stuttgart 1968.

von Hentig, H.: Bildung – ein Essay. Wien 1996.

von Hentig, H.: Die Zukunft der Bildung. München 2001.

von Hentig, H.: Schule neu denken. Weinheim 2003.

Herrmann, U.: Systemzwang und Selbstbestimmung. In: Lehren und Lernen, Heft 7, 2006.

Hesse, H.: Glasperlenspiel. Zürich 1972.

Institut für Schulentwicklungsforschung (Hrsg.): IFS-Schulbarometer. Ein mehrperspektivisches Instrument zur Erfassung von Schulwirklichkeit. Institut für Schulentwicklungsforschung. Dortmund 2003 (8. Auflage).

Holtappels H.G.: Schulqualität durch Schulentwicklung und Evaluation. Konzepte, Forschungsbefunde, Instrumente. München 2003.

Holzkamp, K.: Lernen. Subjektwissenschaftliche Grundlegung. Frankfurt 1993.

Huber, S.G.: Qualifizierung von Schulleiterinnen und Schulleitern im internationalen Vergleich. Kronach 2004.

Imai, M.: Kaizen – Der Schlüssel zum Erfolg der Japaner im Wettbewerb. München 1992.

Kaplan, R.S./Norton, D.: Balanced Scorecard: Strategien erfolgreich umsetzen. Stuttgart 1997.

Keller, G.: Evaluation und Weiterentwicklung der pädagogischen Arbeit. Lehren und Lernen, Heft 1, 1999, S. 8-13.

Keller, G.: Schul-Entwicklungs-Bilanz 2000. Oberschulamt Tübingen 2000.

Keller, G.: Qualitätsentwicklung in der Schule. Ziele, Methoden, kleine Schritte. Heidelberg und Kröning 2002.

Kempfert, G./Rolff, H.-G.: Qualität und Evaluation. Weinheim 2005. 4. Auflage.

Kirchhoff, S./Kuhnt, S./Lipp, P./Schlawin, S.: Der Fragebogen. Datenbasis, Konstruktion und Auswertung. Opladen 2001 (2. Auflage).

Klebert, K./Schrader, E./Straub, W.G.: ModerationsMethode. Hamburg 1991.

Klös, H.-P./Weiß, R. (Hrsg.): Bildungsbenchmarking Deutschland. Köln 2003.

Konsortium Bildungsberichterstattung (Hrsg.): Bildung in Deutschland. Bielefeld 2006.

Kotter, K.H. (Hrsg.): Unsere Schule auf dem Weg in die Zukunft. Schulentwicklung nach dem EFQM-Modell. Wolnzach 2004 (2.Auflage).

Kotthoff, H.-G.: Bessere Schulen durch Evaluation? Internationale Erfahrungen. Münster 2003.

Kranz-Dürr, M.: Wie kommt Lernen in die Schule? Zur Lernfähigkeit der Schule als Organisation. Innsbruck und Wien 1999.

Kranz-Dürr, M.: Was Schule bewegt. Zur Mikropolitik von Schulentwicklungsprozessen. In: Kalb, P.E.: Die Schule entwickeln. Weinheim und Basel 2001

Lamnek, S.: Qualitative Sozialforschung. Weinheim und Basel: Beltz 2005 (4. Auflage).

Landwehr, N.: Grundlagen zum Aufbau einer Feedback-Kultur. Konzepte, Verfahren und Instrumente zur Einführung von lernwirksamen Feedbackprozessen. Bern 2003.

Landwehr, N./Steiner, P./Keller, H.: Schritte zur datengestützten Schulevaluation. Eine Anleitung zur systematischen Datenerhebung mit Fragebogen. Bern 2003 (2. Auflage).

Landwehr, N.: Basisinstrument zur Schulqualität. Systematische Darstellung wichtige Qualitätsansprüche an Schulen und Unterricht. Bern 2003 (2. Auflage).

Landwehr, N./Steiner, P.: Grundlagen der externen Schulevaluation. Verfahrensschritte, Standards und Instrumente zur Evaluation des Qualitätsmanagements. Bern 2003 (2. Auflage).

Lay, R.: Führen durch das Wort. München 2001.

Lienert, G.A./Raatz, U.: Testaufbau und Testanalyse. Weinheim und Basel: Betz 1998 (6. Auflage).

Luhmann, N.: Das Erziehungssystem der Gesellschaft. Frankfurt 2002.

Malik, F.: Führen, Leisten, Leben. Stuttgart 2001 (8. Auflage).

Mandel, H./Gerstenmeier, F. (Hrsg.): Die Kluft zwischen Wissen und Handeln. Göttingen 2000.

Martin, J.-P.: Vorschlag eines anthropologisch begründeten Curriculums für den Fremdsprachenunterricht. Tübingen 1994.

Martin, J.-P.:www.ku-eichstaett.de/Fakultaeten/SLF/romanistik/didaktik/Forschung/ldl/links

Martin, J.-P.:www.ku-eichstaett.de/Fakultaeten/SLF/romanistik/didaktik/Forschung/ldl/forschung

Meyer, H.: Was ist guter Unterricht? Berlin 2004.

Müller, A.: Der Machtwahn. München 2006.

Münchmeier, R.: Wo ist der Generationenkonflikt geblieben? Rede zur Verleihung des „Ravensburger Medienpreises 2004 für Bildung und Erziehung in der Familie" der Stiftung Ravensburger Verlag. Ravensburg 2004.

Naschold, F.: Produktivität öffentlicher Dienstleistungen. Gütersloh 1994.

Naschold, F.: Ergebnissteuerung, Wettbewerb, Qualitätspolitik. Berlin 1995.

Naschold, F.: Leistungstiefe im öffentlichen Sektor. Berlin 1996.

Naschold, F.: Modernisierung des öffentlichen Sektors im internationalen Vergleich. In: Modernisierung des Staates. Hagen 1997.

Ouston, J. et al.: Secondary Schools' Responses to OFSTED: Improvement through Inspection? In: Ouston, J. et al. (eds): Ofsted Inspections: he Early Experience. London 1996.

Ouston, J. et al.: Memorandum from Brian Fidler. University of Reading, Janet Ouston, Peter Earley, Neill Ferguson and Jackie Davie, Institute of Education, University of London. In: Education And Employment Committee: Fourth Report: The Work of OFSTED: Volume III: Appendices. London: The Stationary Office 1999.

Peek, R.: Die Bedeutung vergleichender Schulleistungsmessungen für die Qualitätskontrolle und Qualitätsentwicklung von Schulen und Schulsystemen. In: Weinert, F.E. (Hrsg.): Leistungsmessung in Schulen. Weinheim und Basel: Beltz 2002 (2. Auflage).

Pieper, A.: Schule als Ort der Muße. Rede zur Jubiläumsfeier der Nordwestschweizerischen Erziehungsdirektorenkonferenz. 18. November 2005.

Prange, K./Strobel-Eisele, G.: Die Formen pädagogischen Handelns. Stuttgart 2006.

Ratzki, A./Fink, M.: Herausforderung zum Erfolg. Interview mit Norm und Kathy Green. Heft 33, Lernende Schule. Seelze 2006.

Riecke-Baulecke, T.: SchulePlus. Management für wirksame Qualitätsentwicklung. München 2004.

Rolff, H.-G./Schmidt, H.-J.(Hrsg.): Brennpunkt Schulleitung und Schulaufsicht. Neuwied 2002.

Rolff, H.-G. u.a.: Qualitätsentwicklung in Netzwerken in Niedersachsen – Evaluative Dokumentation. Niedersächsisches Kultusministerium. Hannover 2004.

Rosenbusch, H.S.: Vom „private cold war" zum „Freund in der Not"? In: Rolff, H.-G./Schmidt, H.-J.(Hrsg.): Brennpunkt Schulleitung und Schulaufsicht. Neuwied 2002.

Ruep, M./Keller, G.: Lernende Organisation Schulverwaltung – LOS. Donauwörth 2004.

Ruep, M.: Weiterentwicklung schulischer Abschlussprüfungen – WESA. In: Buchen u.a. (Hrsg.): Schulleitung und Schulentwicklung. Berlin 18/2004.

Ruep, M.: Schule immer wieder neu denken. Vortrag. Sindelfingen. 06. Dezember 2005.

Seifert, J. Besprechungs-Moderation. Offenbach 2000 (6. Auflage).

Seitz, H./Capaul, R.: Schulführung und Schulentwicklung. Grundlagen und Empfehlungen für die Praxis. Bern 2005.

Schleicher, Andreas: Rede zur Verleihung des Theodor-Heuss-Preises. Stuttgart 2003.

Schley, W.: Change Management Schule als Lernende Organisation. www.lehrplan99.at/schulprogramme/schley
Schnell, H.: Wie gut ist unsere Schulinspektion? Schulmanagement 3, 2006, S. 31-34.

Schratz, M.. In: Rolff, H.-G./Schmidt, H.-J.(Hrsg.): Brennpunkt Schulleitung und Schulaufsicht. Neuwied 2002.

Schulze, G.: Die Erlebnisgesellschaft. Frankfurt 1995 (5. Auflage)

Schwan, G.: Theodor-Heuss-Gedächtnis-Vorlesung 2005. Politik und Vertrauen. Stuttgart 2005.

Schwarz, G.: Hierarchie - Die heilige Ordnung der Männer. Opladen 1987 (2. Auflage).

Schwarz, G.: Hierarchie - Die heilige Ordnung der Männer. Wiesbaden 2005 (4. Auflage).

Senge, P.: Die fünfte Disziplin. Stuttgart 1996a
Senge, P.: Das Fieldbook zur fünften Disziplin. Stuttgart 1996b.

Senge, P.: The Dance of Change. Wien 2000.

Sparka, A.: Das niederländische Inspektorat. Utrecht 2001.

Stamm, M.: Evaluation und ihre Folgen für die Bildung. Münster 2003.

Stern, C.: Vergleich als Chance. Schulentwicklung durch internationale Qualitätsvergleiche – Grundlagen. Bertelsmann Stiftung. Gütersloh 2003.

Stern, C./Döbrich, P.: Wie gut ist unsere Schule? Bertelsmann Stiftung. Gütersloh 1999.

Steiner, P./Landwehr, N.: Das Q2E-Modell – Schritte zur Schulqualität. Aspekte eines ganzheitlichen Qualitätsmanagements an Schulen. Bern 2003.

Stockmann, R.: Qualitätsmanagement und Evaluation im Vergleich. In: Böttcher u.a.: Evaluation im Bildungswesen. Weinheim 2006.

Teichmann, K.: Evaluation und Qualitätsentwicklung in Baden-Württemberg. In: Landesinstitut für Schulentwicklung (Hrsg.): Lehren und Lernen, Heft 12, 2005, S. 11-17.

Terhart, E. (Hrsg.): Perspektiven der Lehrerbildung in Deutschland. Abschlussbericht der Kultusministerkonferenz. Bad Heilbrunn 2000.

Vaill, P.: Lernen als Lebensform. Stuttgart 1998.

Wahl, F.: Lernumgebungen erfolgreich gestalten. Bad Heilbrunn 2006 (2. Auflage).

Wottawa, H./Thierau, H.: Lehrbuch Evaluation. Bern 2003 (3. Auflage).

Zink, K.J.: TQM als integratives Managementkonzept. München 1995.

10. Internetadressen

Amerikanische Gesellschaft für Evaluation
Dieses Webangebot enthält viel englischsprachiges Material und spezielle Themengruppen.
www.eval.org

Deutsche Gesellschaft für Evaluation
Es handelt sich um eine zentrale Anlaufstelle für Fragen und Diskussionen zur Evaluation in Deutschland. Sie informiert über aktuelle Entwicklungen und Trends und trägt durch die Definition von Evaluationsstandards zur Qualitätssicherung bei.
www.degeval.de

EFQM - European Foundation for Quality Management
Das deutsche EFQM-Center vermittelt hier Grundinformationen zum EFQM-Modell. Es informiert auch über Veranstaltungen sowie über das Aus- und Weiterbildungsprogramm.
http://www.deutsche-efqm.de

EiS - Evaluationsinstrumente für Schulen
EIS (Landesinstitut für Erziehung und Unterricht) will die Selbstevaluation an Schulen erleichtern und stellt verschiedene Instrumente und Verfahren für diesen Zweck bereit. Praktische Hinweise und weiterführende Informationen ergänzen die Instrumentensammlung
http://www.eis-bw.de

IFS – Institut für Schulentwicklungsforschung
Die Homepage des IFS der Universität Dortmund enthält nicht nur Grundinformationen und Tools zur Schulentwicklung, sondern auch zahlreiche Evaluationsinstrumente.
http://www.ifs.uni-dortmund.de

QIS – Qualität in Schulen
Auf dieser Webseite findet man neben allgemeinen Informationen über schulische Qualitätsentwicklung auch Verfahrensvorschläge, Präsentationsmaterialien sowie Methoden und Instrumente zur individuellen und gemeinsamen Selbstüberprüfung, Planungs- und Entwicklungsarbeit.
http://www.qis.at/start.htm

11. Anhang

11.1 Bildungsstandards

- Bildungsstandards definieren, welche Kompetenzen Schüler bis zu einer bestimmten Jahrgangsstufe erworben haben sollen.

- Diese Kompetenzen werden so konkretisiert, dass sie in Aufgaben umgesetzt und mithilfe von Tests diagnostiziert werden können.

- Die Bildungsstandards enthalten personale, soziale, methodische und fachliche Kompetenzbeschreibungen. Ergänzt werden diese Beschreibungen durch 3-stufige Niveaukonkretisierungen.

- Aus den Niveaukonkretisierungen soll ersichtlich werden, wie sich Kompetenzen entwickeln und wie die Kompetenzentwicklung gefördert werden kann.

- Die Bildungsstandards helfen den Unterricht auf das zu konzentrieren, was am Ende eines Bildungsabschnitts sicher beherrscht werden soll.

- Bildungsstandards ermöglichen es auch, leistungsschwache Schüler frühzeitig zu erkennen und systematisch zu fördern.

- Die unterrichtliche Umsetzung der Bildungsstandards wird kontrolliert durch Orientierungs- und Vergleichsarbeiten sowie durch zentrale Prüfungen.

- Bildungsstandards schaffen einen Orientierungsrahmen, an dem sich Erziehung und Unterricht zielklar orientieren können.

- Ein Orientierungsrahmen ist kein Handlungskorsett, sondern er gibt Raum frei für schulinterne Lernplanungen und Schulcurricula.

- Bildungsstandards allein beheben noch keine Defizite. Ob Bildungsstandards und weitere Qualitätsziele erreicht werden, muss die interne und externe Schulevaluation regelmäßig prüfen.

- Falls Defizite festgestellt werden, muss daraus ein schulinterner Qualitätsentwicklungsprozess mit Zielvereinbarungen, Maßnahmenplanung und Controlling erfolgen. Schulische Qualitätsentwicklung besteht aus Unterrichts-, Personal- und Organisationsentwicklung.

- Mit der Einführung von Bildungsstandards vollzieht sich ein Wechsel von der Input- zur Outputsteuerung. Gesteuert wird nicht mehr über umfangreiche Lehrplanvorgaben, sondern über die Evaluation von Lernergebnissen.

11.2 Merkmale einer Guten Schule

- führungs- und beratungskompetente Schulleitung: Zielklarheit, Anerkennung und Würdigung von Lehrer- und Schülerleistungen, Schatzsuche statt Fehlersuche, Transparenz im Werdeprozess wichtiger Schulentscheidungen, Hilfe bei der Lösung von Konflikten, genügend Freiraum für Lehrer und Schüler

- kooperative Führung: Bereitschaft zum Teilen von Macht, Delegation von Aufgaben, Beteiligung der Betroffenen, Teamorientierung, teilnehmerzentrierte Konferenzgestaltung

- gemeinsames pädagogisches Konzept: Grundkonsens hinsichtlich der Leistungs- und Verhaltenserwartungen, gemeinsam erarbeitete Grundsätze als Arbeitskompass, regelmäßige Reflexion der pädagogischen Arbeit in den Konferenzen

- Leistungsorientierung: altersgemäße Ansprüche an das Lern- und Leistungsverhalten, gute Arbeitsmoral, regelmäßige Leistungskontrollen, Lernanreize

- Lernförderung: Vermittlung von Lern- und Arbeitsmethoden, regelmäßige Stoffwiederholung, individuelle Lernberatung, schülerzentrierte Unterrichtsformen (Partnerarbeit, Gruppenarbeit, Freiarbeit, Lernzirkel, Projektarbeit)

- Sozialerziehung: Normverdeutlichung und Grenzziehung, Verhaltenskodex für die ganze Schule, systematisches soziales Lernen, konsequentes Reagieren bei gravierenden Normverletzungen, Garantie des Rechts auf seelische und körperliche Unversehrtheit, Ausbildung von Schüler-Streit-Schlichtern

- viele Lehrer-Schüler-Gespräche: offenes Ohr für Schulprobleme, regelmäßige Klimapflege durch Klassengespräche, Einzelgespräche mit Problemschülern

- intensive kollegiale Kommunikation und Kooperation: offene Kommunikation, einfühlende Anteilnahme, Entlastungsgespräche, gemeinsame Konfliktlösungen, sachlich-fachlicher Austausch, Abstimmung und Absprache auf Klassenebene

- schulinterne Lehrerfortbildung: regelmäßige Pädagogische Tage, fachschaftsinterne Fortbildungen, pädagogische Arbeitskreise

- gute Kooperation mit dem Elternhaus: offenes Ohr für Elternanliegen, frühe Kontaktaufnahme bei Problemen, Achtung und Einbindung der Elternvertretung

- reges Schulleben: Kompensation der Verkopfung durch Feste und Feiern, Fahrten, Schülerausstellungen, Projekttage und karitative Aktionen

- Lebensoffenheit: gute Beziehungen zum kommunalen Umfeld, zur Berufs- und Arbeitswelt, zu psychosozialen Einrichtungen

- förderliche Schulumwelt: regelmäßige Pflege des Schulgebäudes und der Außenanlagen, freundlich gestaltete Klassenzimmer, schülergerechter Pausenhof mit Bewegungs- und Spielmöglichkeiten

11.3 Zehn Merkmale des guten Unterrichts (Meyer 2004)

1. Klare Strukturierung des Lehr-Lern-Prozesses

2. Intensive Nutzung der Lernzeit

3. Stimmigkeit der Ziel-, Inhalts- und Methodenentscheidungen

4. Methodenvielfalt

5. Intelligentes Üben

6. Individuelles Fördern

7. Lernförderliches Unterrichtsklima

8. Sinnstiftende Unterrichtsgespräche

9. Schülerfeedback

10. Klare Leistungserwartungen und -kontrollen

11.4 Standards der Deutschen Gesellschaft für Evaluation

Evaluationen sollen vier grundlegende Eigenschaften aufweisen:
Nützlichkeit – Durchführbarkeit – Fairness - Genauigkeit

NÜTZLICHKEIT

Die Nützlichkeitsstandards sollen sicherstellen, dass die Evaluation sich an den geklärten Evaluationszwecken sowie am Informationsbedarf der vorgesehenen Nutzer und Nutzerinnen ausrichtet.

N1 Identifizierung der Beteiligten und Betroffenen
Die am Evaluationsgegenstand beteiligten oder von ihm betroffenen Personen bzw. Personengruppen sollen identifiziert werden, damit deren Interessen geklärt und so weit wie möglich bei der Anlage der Evaluation berücksichtigt werden können.

N2 Klärung der Evaluationszwecke
Es soll deutlich bestimmt sein, welche Zwecke mit der Evaluation verfolgt werden, so dass die Beteiligten und Betroffenen Position dazu beziehen können und das Evaluationsteam einen klaren Arbeitsauftrag verfolgen kann.

N3 Glaubwürdigkeit und Kompetenz des Evaluators / der Evaluatorin
Wer Evaluationen durchführt, soll persönlich glaubwürdig sowie methodisch und fachlich kompetent sein, damit bei den Evaluationsergebnissen ein Höchstmaß an Glaubwürdigkeit und Akzeptanz erreicht wird.

N4 Auswahl und Umfang der Informationen
Auswahl und Umfang der erfassten Informationen sollen die Behandlung der zu untersuchenden Fragestellungen zum Evaluationsgegenstand ermöglichen und gleichzeitig den Informationsbedarf des Auftraggebers und anderer Adressaten und Adressatinnen berücksichtigen.

N5 Transparenz von Werten
Die Perspektiven und Annahmen der Beteiligten und Betroffenen, auf denen die Evaluation und die Interpretation der Ergebnisse beruhen, sollen so beschrieben werden, dass die Grundlagen der Bewertungen klar ersichtlich sind.

N6 Vollständigkeit und Klarheit der Berichterstattung
Evaluationsberichte sollen alle wesentlichen Informationen zur Verfügung stellen, leicht zu verstehen und nachvollziehbar sein.

N7 Rechtzeitigkeit der Evaluation
Evaluationsvorhaben sollen so rechtzeitig begonnen und abgeschlossen werden, dass ihre Ergebnisse in anstehende Entscheidungsprozesse bzw. Verbesserungsprozesse einfließen können.

N8 Nutzung und Nutzen der Evaluation
Planung, Durchführung und Berichterstattung einer Evaluation sollen die Beteiligten und Betroffenen dazu ermuntern, die Evaluation aufmerksam zur Kenntnis zu nehmen und ihre Ergebnisse zu nutzen.

DURCHFÜHRBARKEIT

Die Durchführbarkeitsstandards sollen sicherstellen, dass eine Evaluation realistisch, gut durchdacht, diplomatisch und kostenbewusst geplant und ausgeführt wird.

D1 Angemessene Verfahren
Evaluationsverfahren, einschließlich der Verfahren zur Beschaffung notwendiger Informationen, sollen so gewählt werden, dass Belastungen des Evaluationsgegenstandes bzw. der Beteiligten und Betroffenen in einem angemessenen Verhältnis zum erwarteten Nutzen der Evaluation stehen.

D2 Diplomatisches Vorgehen
Evaluationen sollen so geplant und durchgeführt werden, dass eine möglichst hohe Akzeptanz der verschiedenen Beteiligten und Betroffenen in Bezug auf Vorgehen und Ergebnisse der Evaluation erreicht werden kann.

D3 Effizienz von Evaluation
Der Aufwand für Evaluation soll in einem angemessenen Verhältnis zum Nutzen der Evaluation stehen.

FAIRNESS

Die Fairnessstandards sollen sicherstellen, dass in einer Evaluation respektvoll und fair mit den betroffenen Personen und Gruppen umgegangen wird.

F1 Formale Vereinbarungen
Die Pflichten der Vertragsparteien einer Evaluation (was, wie, von wem, wann getan werden soll) sollen schriftlich festgehalten werden, damit die Parteien verpflichtet sind, alle Bedingungen dieser Vereinbarung zu erfüllen oder aber diese neu auszuhandeln.

F2 Schutz individueller Rechte
Evaluationen sollen so geplant und durchgeführt werden, dass Sicherheit, Würde und Rechte der in eine Evaluation einbezogenen Personen geschützt werden.

F3 Vollständige und faire Überprüfung
Evaluationen sollen die Stärken und die Schwächen des Evaluationsgegenstandes möglichst vollständig und fair überprüfen und darstellen, so dass die Stärken weiter ausgebaut und die Schwachpunkte behandelt werden können.

F4 Unparteiische Durchführung und Berichterstattung
Die Evaluation soll unterschiedliche Sichtweisen von Beteiligten und Betroffenen auf Gegenstand und Ergebnisse der Evaluation in Rechnung stellen. Berichte sollen ebenso wie der gesamte Evaluationsprozess die unparteiische Position des Evaluationsteams erkennen lassen. Bewertungen sollen fair und möglichst frei von persönlichen Gefühlen getroffen werden.

F5 Offenlegung der Ergebnisse
Die Evaluationsergebnisse sollen allen Beteiligten und Betroffenen soweit wie möglich zugänglich gemacht werden.

GENAUIGKEIT

Die Genauigkeitsstandards sollen sicherstellen, dass eine Evaluation gültige Informationen und Ergebnisse zu dem jeweiligen Evaluationsgegenstand und den Evaluationsfragestellungen hervorbringt und vermittelt.

G1 Beschreibung des Evaluationsgegenstandes
Der Evaluationsgegenstand soll klar und genau beschrieben und dokumentiert werden, so dass er eindeutig identifiziert werden kann.

G2 Kontextanalyse
Der Kontext des Evaluationsgegenstandes soll ausreichend detailliert untersucht und analysiert werden.

G3 Beschreibung von Zwecken und Vorgehen
Gegenstand, Zwecke, Fragestellungen und Vorgehen der Evaluation, einschließlich der angewandten Methoden, sollen genau dokumentiert und beschrieben werden, so dass sie identifiziert und eingeschätzt werden können.

G4 Angabe von Informationsquellen
Die im Rahmen einer Evaluation genutzten Informationsquellen sollen hinreichend genau dokumentiert werden, damit die Verlässlichkeit und Angemessenheit der Informationen eingeschätzt werden kann.

G5 Valide und reliable Informationen
Die Verfahren zur Gewinnung von Daten sollen so gewählt oder entwickelt und dann eingesetzt werden, dass die Zuverlässigkeit der gewonnenen Daten und ihre Gültigkeit bezogen auf die Beantwortung der Evaluationsfragestellungen nach fachlichen Maßstäben sichergestellt sind. Die fachlichen Maßstäbe sollen sich an den Gütekriterien quantitativer und qualitativer Sozialforschung orientieren.

G6 Systematische Fehlerprüfung
Die in einer Evaluation gesammelten, aufbereiteten, analysierten und präsentierten Informationen sollen systematisch auf Fehler geprüft werden.

G7 Analyse qualitativer und quantitativer Informationen
Qualitative und quantitative Informationen einer Evaluation sollen nach fachlichen Maßstäben angemessen und systematisch analysiert werden, damit die Fragestellungen der Evaluation effektiv beantwortet werden können.

G8 Begründete Schlussfolgerungen
Die in einer Evaluation gezogenen Folgerungen sollen ausdrücklich begründet werden, damit die Adressaten und Adressatinnen diese einschätzen können.

G9 Meta-Evaluation
Um Meta-Evaluationen zu ermöglichen, sollen Evaluationen in geeigneter Form dokumentiert und archiviert werden.

ERZIEHUNGSKONZEPTIONEN UND PRAXIS

Herausgeber: Gerd-Bodo von Carlsburg

- Band 1 Barbara Hellinge / Manfred Jourdan / Hubertus Maier-Hein: Kleine Pädagogik der Antike. 1984.
- Band 2 Siegfried Prell: Handlungsorientierte Schulbegleitforschung. Anleitung, Durchführung und Evaluation. 1984.
- Band 3 Gerd-Bodo Reinert: Leitbild Gesamtschule versus Gymnasium? Eine Problemskizze. 1984.
- Band 4 Ingeborg Wagner: Aufmerksamkeitsförderung im Unterricht. Hilfen durch Lehrertraining. 1984.
- Band 5 Peter Struck: Pädagogische Bindungen. Zur Optimierung von Lehrerverhalten im Schulalltag. 1984.
- Band 6 Wolfgang Sehringer (Hrsg.): Lernwelten und Instruktionsformen. 1986.
- Band 7 Gerd-Bodo Reinert (Hrsg.): Kindgemäße Erziehung. 1986.
- Band 8 Heinrich Walther: Testament eines Schulleiters. 1986.
- Band 9 Gerd-Bodo Reinert / Rainer Dieterich (Hrsg.): Theorie und Wirklichkeit - Studien zum Lehrerhandeln zwischen Unterrichtstheorie und Alltagsroutine. 1987.
- Band 10 Jörg Petersen / Gerhard Priesemann: Einführung in die Unterrichtswissenschaft. Teil 1: Sprache und Anschauung. 2., überarb. Aufl. 1992.
- Band 11 Jörg Petersen / Gerhard Priesemann: Einführung in die Unterrichtswissenschaft. Teil 2: Handlung und Erkenntnis. 1992.
- Band 12 Wolfgang Hammer: Schulverwaltung im Spannungsfeld von Pädagogik und Gesellschaft. 1988.
- Band 13 Werner Jünger: Schulunlust. Messung - Genese - Intervention. 1988.
- Band 14 Jörg Petersen / Gerhard Priesemann: Unterricht als regelgeleiteter Handlungszusammenhang. Ein Beitrag zur Verständigung über Unterricht. 1988.
- Band 15 Wolf-Dieter Hasenclever (Hrsg.): Pädagogik und Psychoanalyse. Marienauer Symposion zum 100. Geburtstag Gertrud Bondys. 1990.
- Band 16 Jörg Petersen / Gerd-Bodo Reinert / Erwin Stephan: Betrifft: Hausaufgaben. Ein Überblick über die didaktische Diskussion für Elternhaus und Schule. 1990.
- Band 17 Rudolf G. Büttner / Gerd-Bodo Reinert (Hrsg.): Schule und Identität im Wandel. Biographien und Begebenheiten aus dem Schulalltag zum Thema Identitätsentwicklung. 1991.
- Band 18 Eva Maria Waibel: Von der Suchtprävention zur Gesundheitsförderung in der Schule. Der lange Weg der kleinen Schritte. 3. Aufl. 1994.
- Band 19 Heike Biermann: Chancengerechtigkeit in der Grundschule – Anspruch und Wirklichkeit. 1992.
- Band 20 Wolf-Dieter Hasenclever (Hrsg.): Reformpädagogik heute: Wege der Erziehung zum ökologischen Humanismus. 2. Marienauer Symposion zum 100. Geburtstag von Max Bondy. 1993. 2., durchges. Aufl. 1998.
- Band 21 Bernd Arnold: Medienerziehung und moralische Entwicklung von Kindern. Eine medienpädagogische Untersuchung zur Moral im Fernsehen am Beispiel einer Serie für Kinder im Umfeld der Werbung. 1993.
- Band 22 Dimitrios Chatzidimou: Hausaufgaben konkret. Eine empirische Untersuchung an deutschen und griechischen Schulen der Sekundarstufen. 1994.

Band 23   Klaus Knauer: Diagnostik im pädagogischen Prozeß. Eine didaktisch-diagnostische Handreichung für den Fachlehrer. 1994.
Band 24   Jörg Petersen / Gerd-Bodo Reinert (Hrsg.): Lehren und Lernen im Umfeld neuer Technologien. Reflexionen vor Ort. 1994.
Band 25   Stefanie Voigt: Biologisch-pädagogisches Denken in der Theorie. 1994.
Band 26   Stefanie Voigt: Biologisch-pädagogisches Denken in der Praxis. 1994.
Band 27   Reinhard Fatke / Horst Scarbath: Pioniere Psychoanalytischer Pädagogik. 1995.
Band 28   Rudolf G. Büttner / Gerd-Bodo Reinert (Hrsg.): Naturschutz in Theorie und Praxis. Mit Beispielen zum Tier-, Landschafts- und Gewässerschutz. 1995.
Band 29   Dimitrios Chatzidimou / Eleni Taratori: Hausaufgaben. Einstellungen deutscher und griechischer Lehrer. 1995.
Band 30   Bernd Weyh: Vernunft und Verstehen: Hans-Georg Gadamers anthropologische Hermeneutikkonzeption. 1995.
Band 31   Helmut Arndt / Henner Müller-Holtz (Hrsg.): Schulerfahrungen – Lebenserfahrungen. Anspruch und Wirklichkeit von Bildung und Erziehung heute. Reformpädagogik auf dem Prüfstand. 2. Aufl. 1996.
Band 32   Karlheinz Biller: Bildung erwerben in Unterricht, Schule und Familie. Begründung – Bausteine – Beispiele. 1996.
Band 33   Ruth Allgäuer: Evaluation macht uns stark! Zur Unverzichtbarkeit von Praxisforschung im schulischen Alltag. 1997. 2., durchges. Aufl. 1998.
Band 34   Christel Senges: Das Symbol des Drachen als Ausdruck einer Konfliktgestaltung in der Sandspieltherapie. Ergebnisse aus einer Praxis für analytische Psychotherapie von Kindern und Jugendlichen. 1998.
Band 35   Achim Dehnert: Untersuchung der Selbstmodelle von Managern. 1997.
Band 36   Shen-Keng Yang: Comparison, Understanding and Teacher Education in International Perspective. Edited and introduced by Gerhard W. Schnaitmann. 1998.
Band 37   Johann Amos Comenius: Allverbesserung (Panorthosia). Eingeleitet, übersetzt und erläutert von Franz Hofmann. 1998.
Band 38   Edeltrud Ditter-Stolz: Zeitgenössische Musik nach 1945 im Musikunterricht der Sekundarstufe I. 1999.
Band 39   Manfred Luketic: Elektrotechnische Lernsoftware für den Technikunterricht an Hauptschulen. 1999.
Band 40   Gerhard Baltes / Brigitta Eckert: Differente Bildungsorte in systemischer Vernetzung. Eine Antwort auf das Problem der funktionellen Differenzierung in der Kooperation zwischen Jugendarbeit und Schule. 1999.
Band 41   Roswit Strittmatter: Soziales Lernen. Ein Förderkonzept für sehbehinderte Schüler. 1999.
Band 42   Thomas H. Häcker: Widerstände in Lehr-Lern-Prozessen. Eine explorative Studie zur pädagogischen Weiterbildung von Lehrkräften. 1999.
Band 43   Sabine Andresen / Bärbel Schön (Hrsg.): Lehrerbildung für morgen. Wissenschaftlicher Nachwuchs stellt sich vor. 1999.
Band 44   Ernst Begemann: Lernen verstehen – Verstehen lernen. Zeitgemäße Einsichten für Lehrer und Eltern. Mit Beiträgen von Heinrich Bauersfeld. 2000.
Band 45   Günter Ramachers: Das intrapersonale Todeskonzept als Teil sozialer Wirklichkeit. 2000.
Band 46   Christoph Dönges: Lebensweltliche Erfahrung statt empirischer Enteignung. Grenzen und Alternativen empirischer Konzepte in der (Sonder-)Pädagogik. 2000.

Band 47 Michael Luley: Eine kleine Geschichte des deutschen Schulbaus. Vom späten 18. Jahrhundert bis zur Gegenwart. 2000.

Band 48 Helmut Arndt / Henner Müller-Holtz (Hrsg.): Herausforderungen an die Pädagogik aufgrund des gegenwärtigen gesellschaftlichen Wandels. Bildung und Erziehung am Beginn des 3. Jahrtausends. 2000.

Band 49 Johann Amos Comenius: Allermahnung (Pannuthesia). Eingeleitet, übersetzt und erläutert von Franz Hofmann. 2001.

Band 50 Hans-Peter Spittler-Massolle: Blindheit und blindenpädagogischer Blick. Der *Brief über die Blinden zum Gebrauch für die Sehenden* von Denis Diderot und seine Bedeutung für den Begriff von Blindheit. 2001.

Band 51 Eva Rass: Kindliches Erleben bei Wahrnehmungsproblemen. Möglichkeiten einer selbstpsychologisch ausgerichteten Pädagogik und Psychotherapie bei sublimen und unerkannten Schwächen in der sensorischen Integration. 2002.

Band 52 Bruno Hamann: Neue Herausforderungen für eine zeitgemäße und zukunftsorientierte Schule. Unter Mitarbeit von Birgitta Hamann. 2002.

Band 53 Johann Amos Comenius: Allerleuchtung (Panaugia). Eingeleitet, übersetzt und erläutert von Franz Hofmann. 2002.

Band 54 Bernd Sixtus: Alasdair MacIntyres Tugendenlehre von *After Virtue* als Beitrag zum Disput über universalistische Erziehungsziele. 2002.

Band 55 Elke Wagner: Sehbehinderung und Soziale Kompetenz. Entwicklung und Erprobung eines Konzeptes. 2003.

Band 56 Jutta Rymarczyk / Helga Haudeck: *In Search of The Active Learner.* Untersuchungen zu Fremdsprachenunterricht, bilingualen und interdisziplinären Kontexten. 2003.

Band 57 Gerhard W. Schnaitmann: Forschungsmethoden in der Erziehungswissenschaft. Zum Verhältnis von qualitativen und quantitativen Methoden in der Lernforschung an einem Beispiel der Lernstrategienforschung. 2004.

Band 58 Bernd Schwarz / Thomas Eckert (Hrsg.): Erziehung und Bildung nach TIMSS und PISA. 2004.

Band 59 Werner Sacher / Alban Schraut (Hrsg.): Volkserzieher in dürftiger Zeit. Studien über Leben und Wirken Eduard Sprangers. 2004.

Band 60 Dorothee Dahl: Interdisziplinär geprägte Symbolik in der visuellen Kommunikation. Tendenzen therapeutisch-kunstpädagogischer Unterrichtsmodelle vor dem Hintergrund multimedialer Zeitstrukturen. 2005.

Band 61 Gerd-Bodo von Carlsburg / Marian Heitger (Hrsg.): Der Lehrer – ein (un)möglicher Beruf. 2005.

Band 62 Bruno Hamann: Pädagogische Anthropologie. Theorien – Modelle – Strukturen. Eine Einführung. 4., überarbeitete und ergänzte Auflage. 2005.

Band 63 Airi Liimets: Bestimmung des lernenden Menschen auf dem Wege der Reflexion über den Lernstil. 2005.

Band 64 Cornelia Matz: Vorbilder in den Medien. Ihre Wirkungen und Folgen für Heranwachsende. 2005.

Band 65 Birgitta Hamann: Grundfragen der Literaturdidaktik und zentrale Aspekte des Deutschunterrichts. 2005.

Band 66 Ralph Olsen / Hans-Bernhard Petermann / Jutta Rymarczyk (Hrsg.): Intertextualität und Bildung – didaktische und fachliche Perspektiven. 2006.

Band 67 Bruno Hamann: Bildungssystem und Lehrerbildung im Fokus aktueller Diskussionen. Bestandsaufnahme und Perspektiven. 2006.

Band 68 Ingeborg Seitz: Heterogenität als Chance. Lehrerprofessionalität im Wandel. 2007.

Band 69 Margret Ruep / Gustav Keller: Schulevaluation. Grundlagen, Methoden, Wirksamkeit. 2007.

www.peterlang.de

Jochen Hermann Ribbeck

Evaluation und Qualitätsentwicklung in der Erziehungshilfe

Bedeutung, Zusammenhänge und ausgewählte Aspekte zur Implementierung evaluativ gestützter Qualitätsentwicklung

Frankfurt am Main, Berlin, Bern, Bruxelles, New York, Oxford, Wien, 2006.
178 S., 30 Graf.
Europäische Hochschulschriften: Reihe 11, Pädagogik. Bd. 941
ISBN 978-3-631-55151-6 · br. € 39.–*

Im Kontext ökonomischer Probleme und aktueller Fachdiskurse in der Erziehungshilfe begründet diese Arbeit die Notwendigkeit und die Bedeutung einer systematischen Verbindung von Evaluation und Qualitätsentwicklung. Von einer theoretischen und methodischen Grundlegung von Evaluation ausgehend, werden maßgebliche Evaluationsstudien diskutiert und eine aktuelle Standortbestimmung vorgenommen. Wesentliche Faktoren eines Implementierungskonzeptes werden vorgestellt. Kern ist dabei ein partizipativ geführter Qualitätsdialog, um dem dynamischen Qualitätsverständnis von Erziehungshilfen angemessen Rechnung zu tragen.

Aus dem Inhalt: Erziehungshilfe · Evaluation · Evaluation in der Erziehungshilfe · Qualitätsentwicklung in der Erziehungshilfe · Qualitätsentwicklung am Beispiel der Evaluationsstudie erzieherischer Hilfen (EVAS) · Ausgewählte Aspekte zur Implementierung evaluativ gestützter Qualitätsentwicklung im Einrichtungskontext

Frankfurt am Main · Berlin · Bern · Bruxelles · New York · Oxford · Wien
Auslieferung: Verlag Peter Lang AG
Moosstr. 1, CH-2542 Pieterlen
Telefax 0041 (0) 32 / 376 17 27

*inklusive der in Deutschland gültigen Mehrwertsteuer
Preisänderungen vorbehalten

Homepage http://www.peterlang.de

www.ingramcontent.com/pod-product-compliance
Lightning Source LLC
Chambersburg PA
CBHW052051300426
44117CB00012B/2074